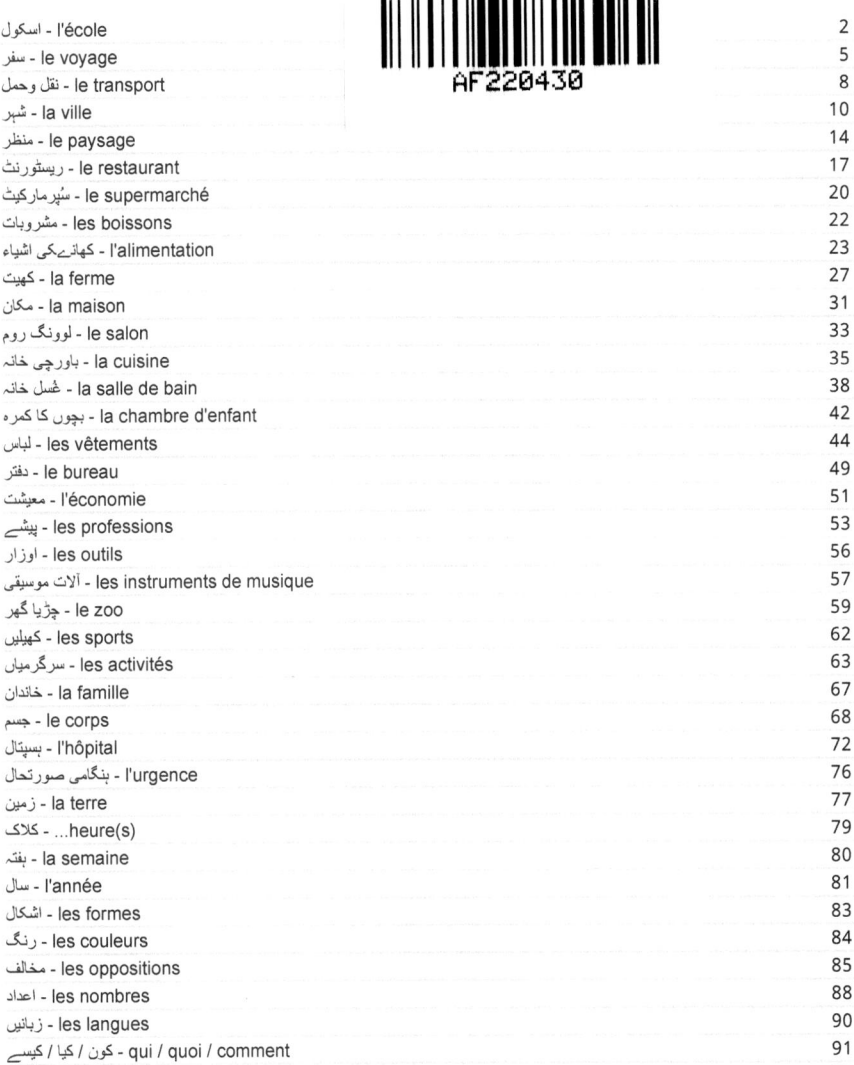

Impressum
Verlag: BABADADA GmbH, Nedderfeld 112 , 22529 Hamburg
Geschäftsführer / Verlagsleitung: Harald Hof
Druck: Books on Demand GmbH, In de Tarpen 42, 22848 Norderstedt

Imprint
Publisher: BABADADA GmbH, Nedderfeld 112 , 22529 Hamburg, Germany
Managing Director / Publishing direction: Harald Hof
Print: Books on Demand GmbH, In de Tarpen 42, 22848 Norderstedt

اسکول
l'école

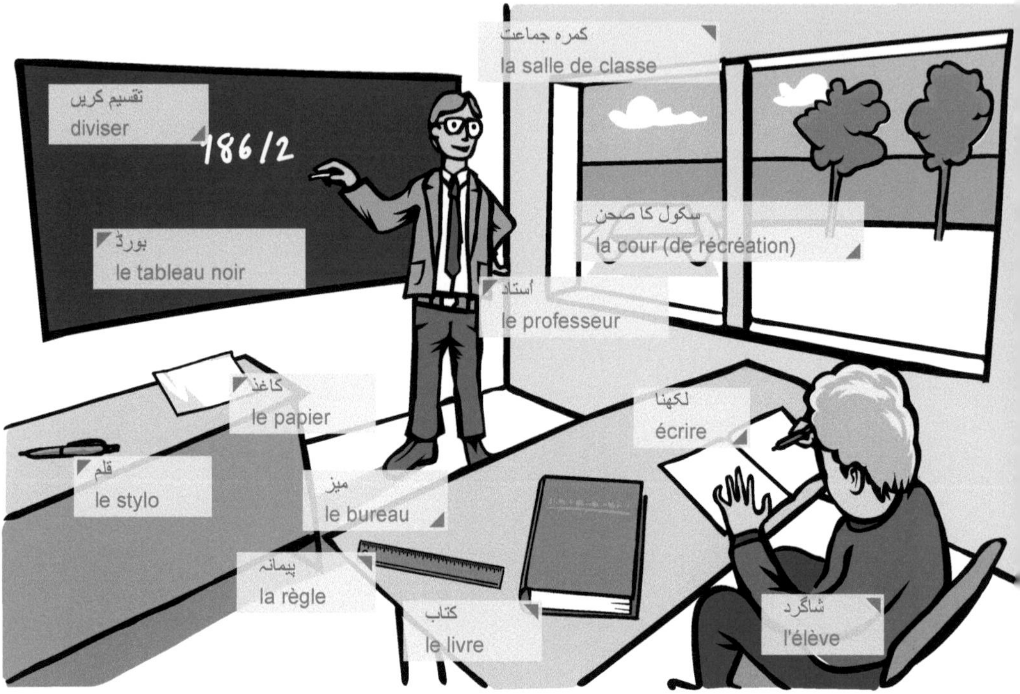
کمرہ جماعت
la salle de classe
تقسیم کریں
diviser
186/2
بورڈ
le tableau noir
سکول کا صحن
la cour (de récréation)
اُستاد
le professeur
کاغذ
le papier
لکھنا
écrire
قلم
le stylo
میز
le bureau
پیمانہ
la règle
کتاب
le livre
شاگرد
l'élève

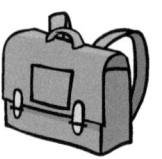

بستہ

le cartable

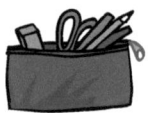

پینسل کیس

la trousse

پینسل

le crayon

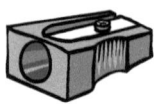

پینسل شارپنر

le taille-crayon

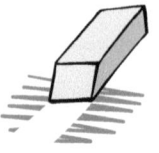

ربڑ

la gomme

ڈرائنگ پیڈ

le carnet à dessin

ڈراننگ

le dessin

پینٹ برش

le pinceau

پینٹ باکس

la boîte de peinture

قینچی

les ciseaux

گوند

la colle

مشق کی کاپی

le cahier d'exercices

ہوم ورک

les devoirs

12

ہندسہ

le chiffre

2+2

جمع کریں

additionner

5-2

منفی کریں

soustraire

2×2

ضرب دیں

multiplier

شمار کریں

calculer

A

خط

la lettre

ABCDEFG
HIJKLMN
OPQRSTU
VWXYZ

حروف تہجی

l'alphabet

hello

لفظ

le mot

متن

le texte

پڑھنا

lire

چاک

la craie

سبق

la leçon

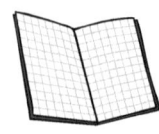

اندراج

le livre de classe

امتحان

l'examen

سند

le certificat

سکول یونیفارم

l'uniforme scolaire

تعلیم

la formation

انسائیکلوپیڈیا

le lexique

یونیورسٹی

l'université

خورد بین

le microscope

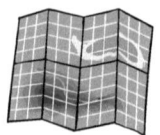

نقشہ

la carte

ویسٹ پیپر باسکٹ

la corbeille à papier

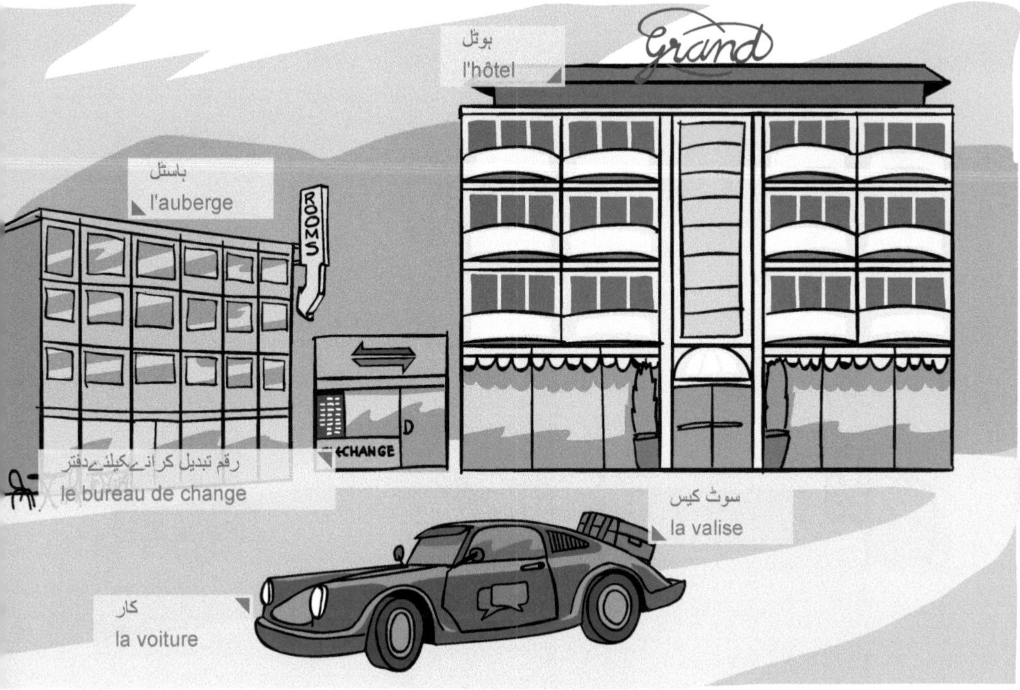

ہوٹل
l'hôtel
Grand
ہاسٹل
l'auberge
ROOMS
رقم تبدیل کرانےکیلئےدفتر
le bureau de change
EXCHANGE
سوٹ کیس
la valise
کار
la voiture

زبان
la langue

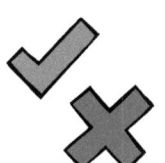

ہاں / نہیں
oui / non

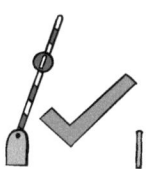

ٹھیک ہے
d'accord

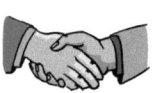

ہیلو
Salut

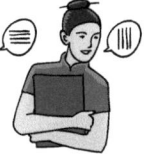

مُترجم
l'interprète

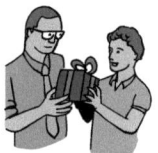

شُکریہ
merci

ـــ کی کیا قیمت ہے؟

Combien coûte...?

میں نہیں سمجھتا

Je ne comprends pas

مشکل

le problème

شام بخیر!

Bonsoir !

صبح بخیر!

Bonjour !

شب بخیر!

Bonne nuit !

الوداع

Au revoir

سمت

la direction

سفری سامان

les bagages

بیگ

le sac

بیگ پیک

le sac-à-dos

مہمان

l'hôte

کمرہ

la pièce

سلیپنگ بیگ

le sac de couchage

ٹینٹ

la tente

سياحوں کے لئے معلومات

l'office de tourisme

ساحل

la plage

کریڈٹ کارڈ

la carte de crédit

ناشتہ

le petit-déjeuner

لنچ

le déjeuner

ڈنر

le dîner

ٹکٹ

le billet

لفٹ

l'ascenseur

مہر

le timbre

سرحد

la frontière

کسٹمز

la douane

سفارت خانہ

l'ambassade

ویزا

le visa

پاسپورٹ

le passeport

نقل وحمل
le transport

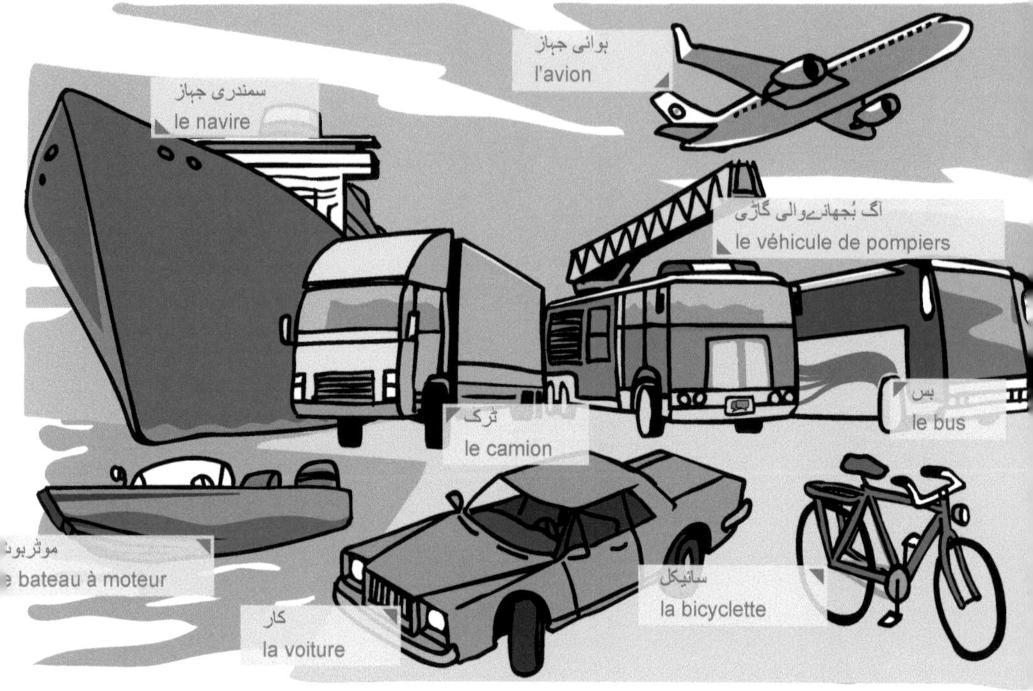

ہوائی جہاز
l'avion
سمندری جہاز
le navire
آگ بُجھانےوالی گاڑی
le véhicule de pompiers
ٹرک
le camion
بس
le bus
موٹربو
e bateau à moteur
کار
la voiture
سائیکل
la bicyclette

فیری
le ferry

کشتی
la barque

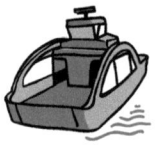

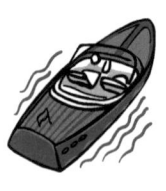

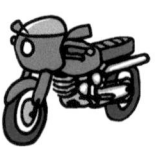

موٹرسائیکل
la moto

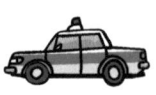

پولیس کار
la voiture de police

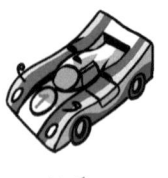

ریسنگ کار
la voiture de course

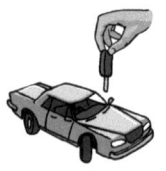

کرایہ پرکار
la voiture de location

کارکا اشتراک کرنا

l'auto-partage

کھینچنےوالا ٹرک

la voiture de remorquage

کوڑے والا ٹرک

la benne à ordures

کار

le moteur

ایندھن

l'essence

پٹرول اسٹیشن

la station d'essence

ٹریفک کےنشانات

le panneau indicateur

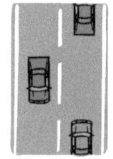

ٹریفک

le trafic

ٹریفک جام

l'embouteillage

کارپارک

le parking

ٹرین اسٹیشن

la gare

پٹریاں

les rails

ٹرین

le train

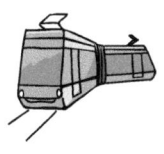

ٹرام

le tramway

ویگن

le wagon

بيلى كاپٹر

l'hélicoptère

انرپورٹ

l'aéroport

ٹاور

la tour

مسافر

le passager

كنٹينر

le conteneur

ڈبّہ

le carton

ريڑھا

le chariot

ٹوكری

la corbeille

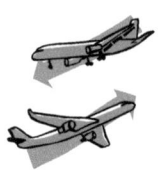

اڑان بهرنا / زمين پر اترنا

décoller / atterrir

شہر

la ville

گاؤں

le village

سٹی سنٹر

le centre-ville

مكان

la maison

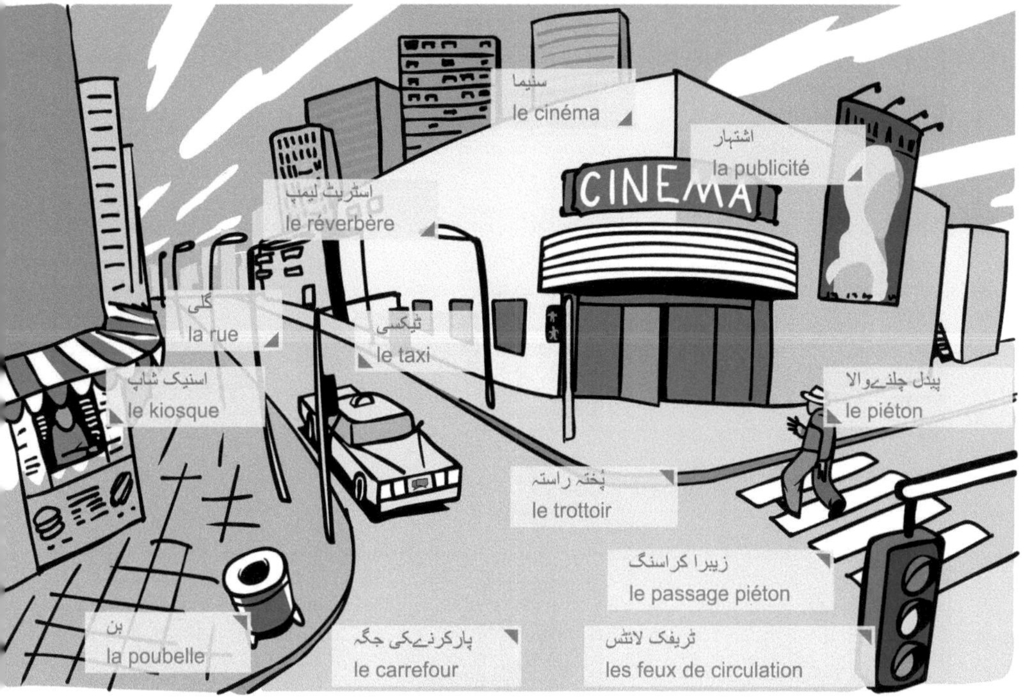

سنیما
le cinéma

اشتہار
la publicité

اسٹریٹ لیمپ
le réverbère

گلی
la rue

ٹیکسی
le taxi

اسنیک شاپ
le kiosque

پیدل چلنے والا
le piéton

پختہ راستہ
le trottoir

زیبرا کراسنگ
le passage piéton

بن
la poubelle

پارکرنے کی جگہ
le carrefour

ٹریفک لائٹس
les feux de circulation

بٹ
la cabane

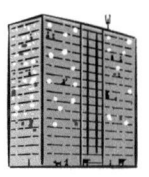

فلیٹ
l'appartement

ٹرین اسٹیشن
la gare

ٹاؤن ہال
la mairie

عجائب گھر
le musée

اسکول
l'école

یونیورسٹی

l'université

بینک

la banque

ہسپتال

l'hôpital

ہوٹل

l'hôtel

فارمیسی

la pharmacie

دفتر

le bureau

کتابوں کی دکان

la librairie

دکان

le magasin

پھولوں کی دُکان

le fleuriste

سُپر مارکیٹ

le supermarché

مارکیٹ

le marché

ڈیپارٹمنٹ سٹور

le grand magasin

مچھلی کی دُکان

la poissonnerie

شاپنگ سنٹر

le centre commercial

بندرگاہ

le port

پارک

le parc

بنچ

la banque

پُل

le pont

سیڑھیاں

les escaliers

انڈرگراؤنڈ

le métro

سُرنگ

le tunnel

بس اسٹاپ

l'arrêt de bus

شراب خانہ

le bar

ریسٹورنٹ

le restaurant

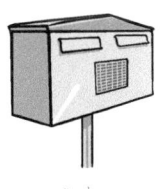

پوسٹ باکس

la boîte à lettres

اسٹریٹ سائن

le panneau indicateur

پارکنگ میٹر

le parcmètre

چڑیا گھر

le zoo

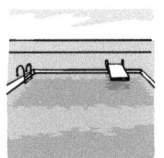

سونمنگ پول

le réverbère

مسجد

la mosquée

كھيت

la ferme

آلودگی

la pollution

قبرستان

la cimetière

چرچ

l'église

کھیل کا میدان

l'aire de jeux

مندر

le temple

منظر

le paysage

پتّہ
la feuille

رہنمائی کرنے لئے لگا ہوا بورڈ
le panneau indicateur

راستہ
le chemin

سبزہ زار
le pré

پتھر
la pierre

درخت
l'arbre

پیدل چلنے والا، یانگر
le randonneur

دریا
la rivière

گھاس
l'herbe

پھول
la fleur

وادی
la vallée

پہاڑی
la montagne

جھیل
le lac

جنگل
la forêt

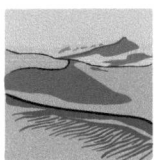

صحرا
le désert

آتش فشاں
le volcan

قلعہ
le château

قوس قزح
l'arc-en-ciel

کھمبی
le champignon

کجھور کا درخت
le palmier

مچھر
le moustique

مکھی
la mouche

چیونٹی
les fourmis

مکھی
l'abeille

مکڑا
l'araignée

بهونرا

le coléoptère

مینڈک

la grenouille

گلہری

l'écureuil

خارپُشت

le hérisson

خرگوش

le lièvre

اُلو

la chouette

پرندہ

l'oiseau

راج ہنس

le cygne

سؤر

le sanglier

برن

le cerf

امریکی بارہ سنگھا

l'élan

ڈیم

le barrage

ہوا سےچلنےوالی ٹربائین

l'éolienne

سولرپینل

le panneau solaire

آب وہوا

le climat

ریسٹورنٹ

le restaurant

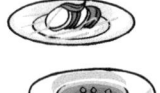

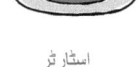

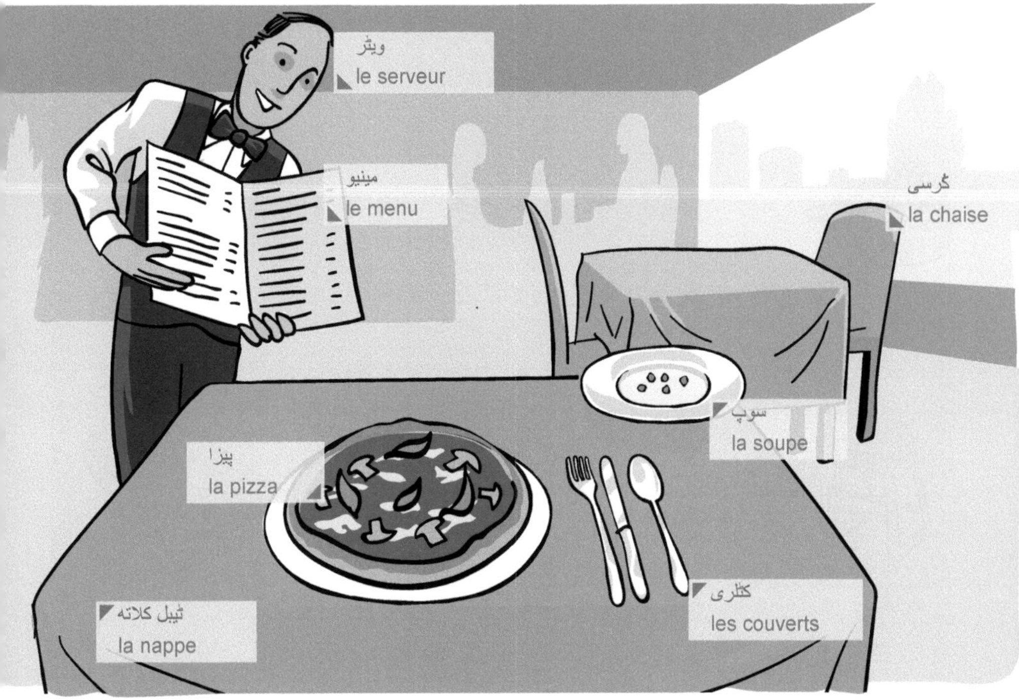

ویٹر
le serveur
مینیو
le menu
کُرسی
la chaise
سوپ
la soupe
پیزا
la pizza
ٹیبل کلاتھ
la nappe
کٹلری
les couverts

اسٹارٹر

les hors d'œuvre

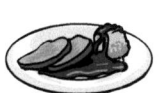

مین کورس

le plat principal

ڈیزرٹ

le dessert

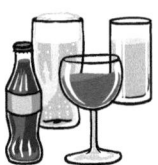

مشروبات

les boissons

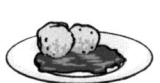

کھانےکی اشیاء

l'alimentation

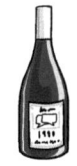

بوتل

la bouteille

فاسٹ فوڈ

le fast-food

اسٹریٹ فوڈ

les plats à emporter

چائےدانی

la théière

شوگر باکس

le sucrier

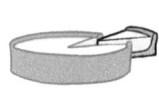

حصہ

la portion

ایسپریسو مشین

la machine à expresso

اونچی کُرسی

la chaise haute

بل

la facture

ٹرے

le plateau

چُھری

le couteau

کانٹا

la fourchette

چمچ

la cuillère

چائے کا چمچ

la cuillère à thé

سرویینیٹی

la serviette

شیشہ

le verre

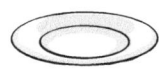

پلیٹ
....
l'assiette

سوپ پلیٹ
....
l'assiette à soupe

طشتری
....
la soucoupe

چٹنی
....
la sauce

سالٹ شیکر
....
la salière

پیپرمل
....
le moulin à poivre

سرکہ
....
le vinaigre

خوردنی تیل
....
l'huile

مصالحے
....
les épices

کیچپ
....
le ketchup

سرسوں
....
la moutarde

مینونیز
....
la mayonnaise

سُپرمارکیٹ

le supermarché

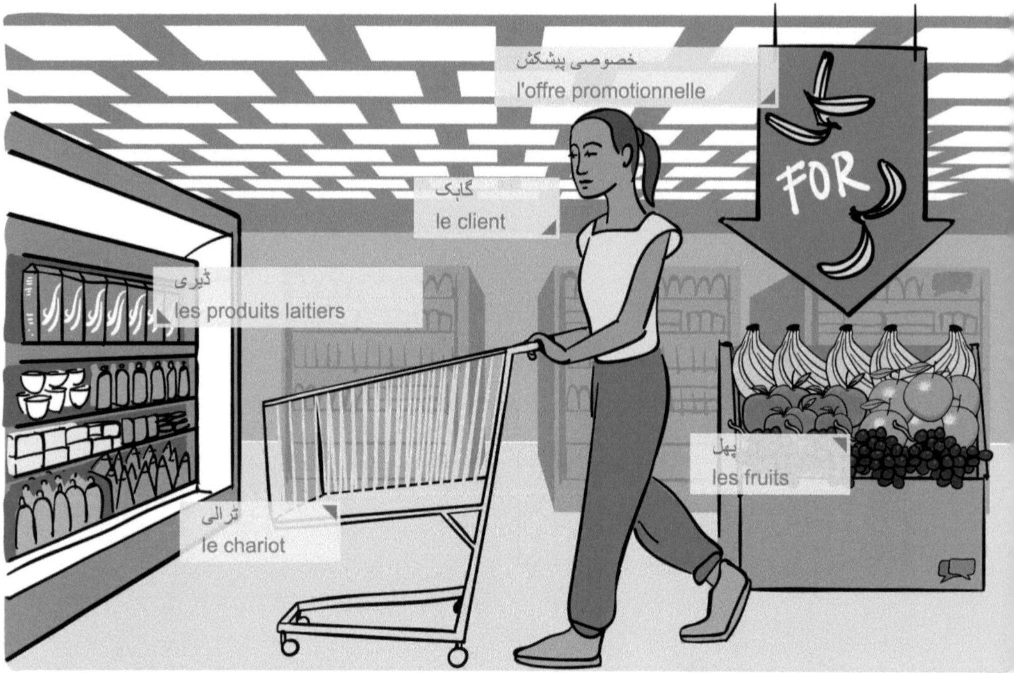

خصوصی پیشکش
l'offre promotionnelle
FOR
گاہک
le client
ڈیری
les produits laitiers
پھل
les fruits
ٹرالی
le chariot

BUTCHERS

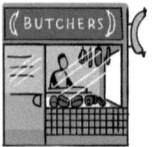

گوشت کی دُکان

la boucherie

BAKERY

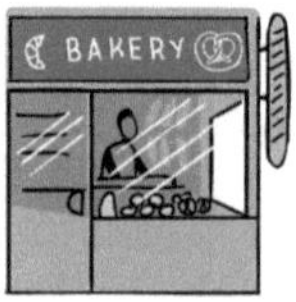

بیکری

la boulangerie

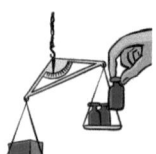

وزن کرنا

peser

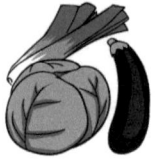

سبزیاں

les légumes

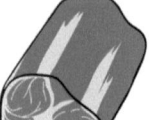

گوشت

la viande

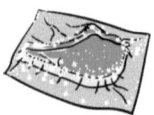

جما ہوا کھانا

les aliments surgelés

کولڈ کٹس

la charcuterie

ڈبے میں بند کھانا

les conserves

واشنگ پاؤڈر

la poudre à lessive

مٹھائیاں

les bonbons

گھریلو مصنوعات

les articles ménagers

صاف کرنے کیلئے مصنوعات

les détergents

سیلز پرسن

la vendeuse

کیش رجسٹر

la caisse

کیشئیر

le caissier

خریداری کی فہرست

la liste d'achats

اوقات کار

les heures d'ouverture

بٹوہ

le portefeuille

کریڈٹ کارڈ

la carte de crédit

تھیلا

le sac

پلاسٹک کے تھیلے

le sac en plastique

les boissons

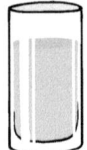

پانی

l'eau

جوس، رس

le jus de fruit

دودھ

le lait

کوک

le coca

وائن

le vin

بیئر

la bière

الكوحل

l'alcool

کوکوآ

le chocolat chaud

چائے

le thé

کافی

le café

ایسپریسو

l'expresso

کیپاچینو

le cappuccino

کیلا

la banane

سیب

la pomme

مالٹا

l'orange

خربوزہ

le melon

لیموں

le citron.

گاجر

la carotte

لہسن

l'ail

بانس

le bambou

پیاز

l'oignon

کھُمبی

le champignon

اخروٹ، بادام وغیرہ

les noisettes

نوڈلز

les pâtes

اسپیگیٹی

les spaghetti

چاول

le riz

سلاد

la salade

چپس

les pommes frites

تلے گئے آلو

les pommes de terre rôties

پیزا

la pizza

بیم برگر

le hamburger

سینڈوچ

le sandwich

کٹلیٹ

l'escalope

سؤر کی ران کا گوشت

le jambon

گوشت کی اطالوی ساسیج

le salami

ساسیج

la saucisse

مُرغی

le poulet

روسٹ

le rôti

مچھلی

le poisson

کھانے کی اشیاء - l'alimentation

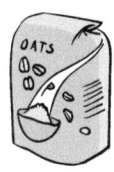

جئی کا دلیہ

les flocons d'avoine

میوزلی

le muesli

کارن فلیکس

les cornflakes

آٹا

la farine

کرونیسنٹ

le croissant

بریڈ رول

les petits-pains

بریڈ

le pain

ٹوسٹ

le pain grillé

بسکٹ

les biscuits

مکھن

le beurre

دہی

le fromage blanc

کیک

le gâteau

انڈا

l'œuf

فرائی کیا گیا انڈہ

l'œuf au plat

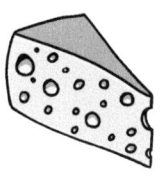

پنیر

le fromage

آئس کریم

la glace

چینی

le sucre

شہد

le miel

جام

la confiture

ناؤگٹ کریم

la crème nougat

سالن

le curry

کھانے کی اشیاء - l'alimentation

کھیت

la ferme

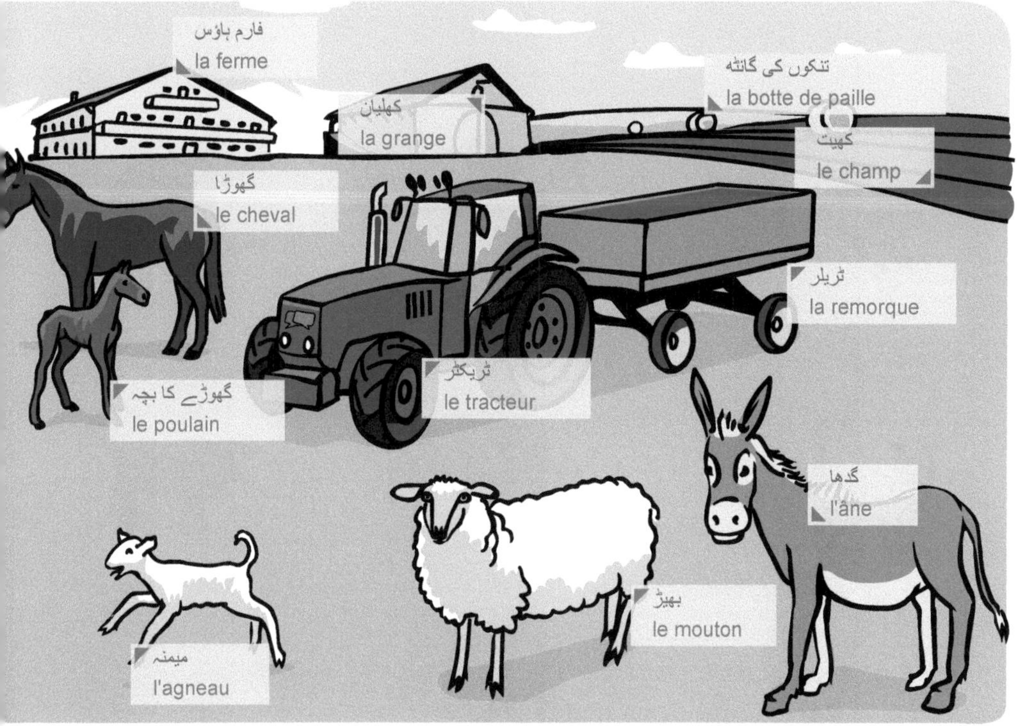

فارم ہاؤس
la ferme
کھلیان
la grange
تنکوں کی گانٹھ
la botte de paille
کھیت
le champ
گھوڑا
le cheval
ٹریلر
la remorque
گھوڑے کا بچہ
le poulain
ٹریکٹر
le tracteur
گدھا
l'âne
بھیڑ
le mouton
میمنہ
l'agneau

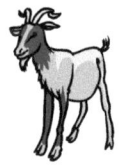

بکری
....
la chèvre

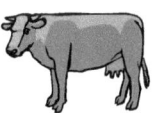

گائے
....
la vache

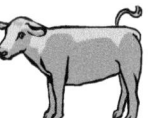

بچھڑا
....
le veau

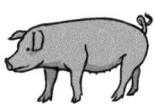

سؤر
....
le porc

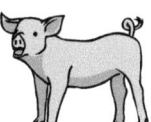

سؤر کا بچہ
....
le porcelet

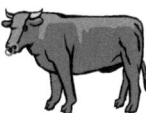

سانڈ
....
le taureau

سنب جار

l'oie

خطب

le canard

چوزه

le poussin

مُرغی

la poule

مُرغا

le coq

چوہا

le rat

بلی

le chat

چوہا

la souris

بیلچہ

le bœuf

گتا

le chien

گتے کا گھر

le chenil

گارڈن ہاؤس

le tuyau de jardin

پانی کا کین

l'arrosoir

درانتی

la faucheuse

ہل

la charrue

درانتی

la faucille

بیلچہ

la pioche

ترنگل

la fourche

کلہاڑا

la hache

ہتہ گاڑی

la brouette

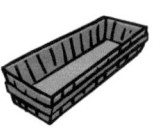

حوض

la cuve

دودھ کا کین

le pot à lait

تھیلا

le sac

باڑ

la clôture

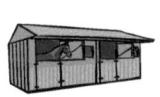

اصطبل

l'étable

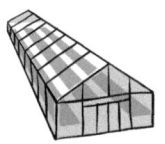

گرین ہاؤس

le serre

مٹی

le sol

بیج

les semences

فرٹیلائیزر

l'engrais

کمبائن ہارویسٹر

la moissonneuse-batteuse

فصل کاٹنا

récolter

فصل کاٹنا

la récolte

افریقی آلو

l'igname

گندم

le blé

سویا

le soja

آلو

la pomme de terre

مکئی

le maïs

توریا کا تیل

le colza

پھلداردرخت

l'arbre fruitier

کساوا

le manioc

دلیہ

les céréales

مکان
la maison

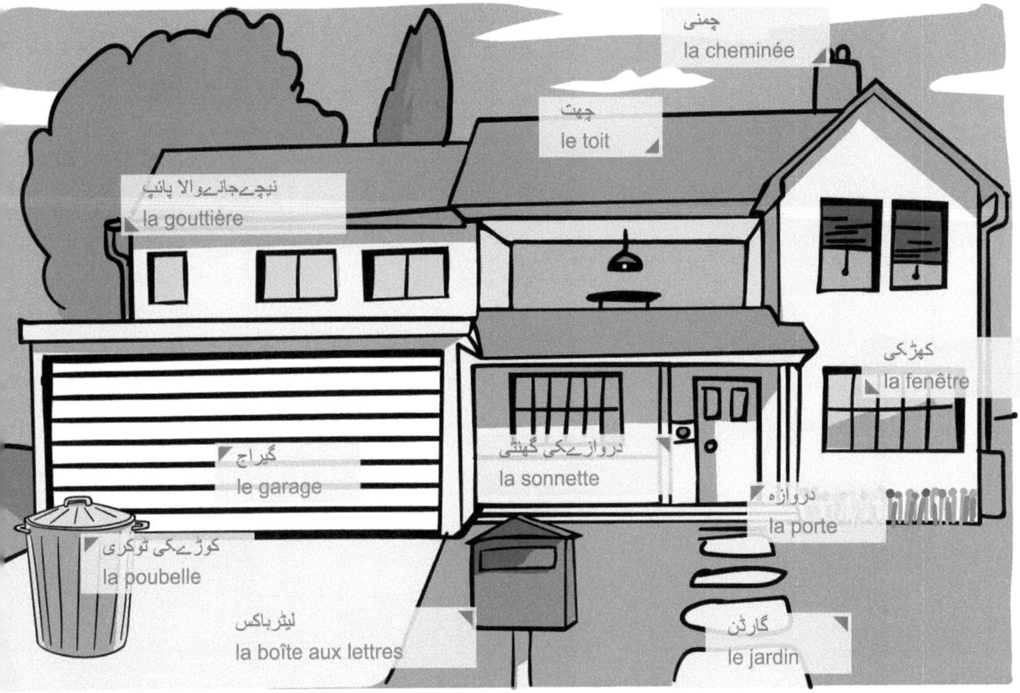
چمنی
la cheminée
چھت
le toit
نیچے جانے والا پائپ
la gouttière
کھڑکی
la fenêtre
گیراج
le garage
دروازے کی گھنٹی
la sonnette
دروازہ
la porte
کوڑے کی ٹوکری
la poubelle
لیٹر باکس
la boîte aux lettres
گارڈن
le jardin

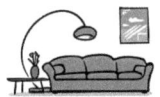

لوونگ روم

le salon

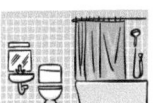

غُسل خانہ

la salle de bain

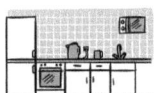

باورچی خانہ

la cuisine

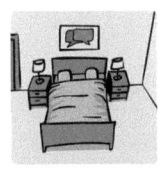

بیڈروم

la chambre à coucher

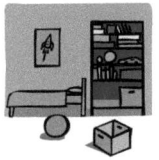

بچوں کا کمرہ

la chambre d'enfant

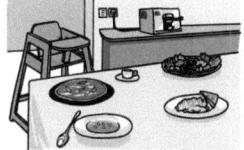

کھانے کا کمرہ

la salle à manger

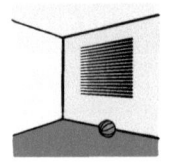

فرش

le sol

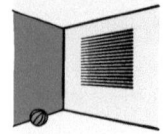

دیوار

le mur

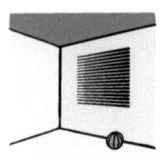

چهت

le plafond

تہ خانہ

la cave

سوانا

le sauna

بالکونی

le balcon

ٹیریس

la terrasse

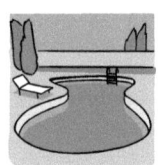

پول

la piscine

گھاس کاٹنے کی مشین

la tondeuse à gazon

چادر

la housse

چادر

la couette

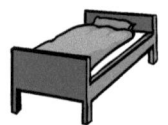

بستر

le lit

جھاڑو

le balai

بالٹی

le sceau

سونچ

l'interrupteur

لوونگ روم
le salon

وال پیپر
le papier peint
تصویر
l'image
لیمپ
la lampe
شیلف
l'étagère
الماری
l'armoire
ٹیلی ویژن
la télé
آتش دان
la cheminée
پھول
la fleur
کُشن
le coussin
صوفہ
le sofa
گلدان
le vase
ریموٹ کنٹرول
la télécommande

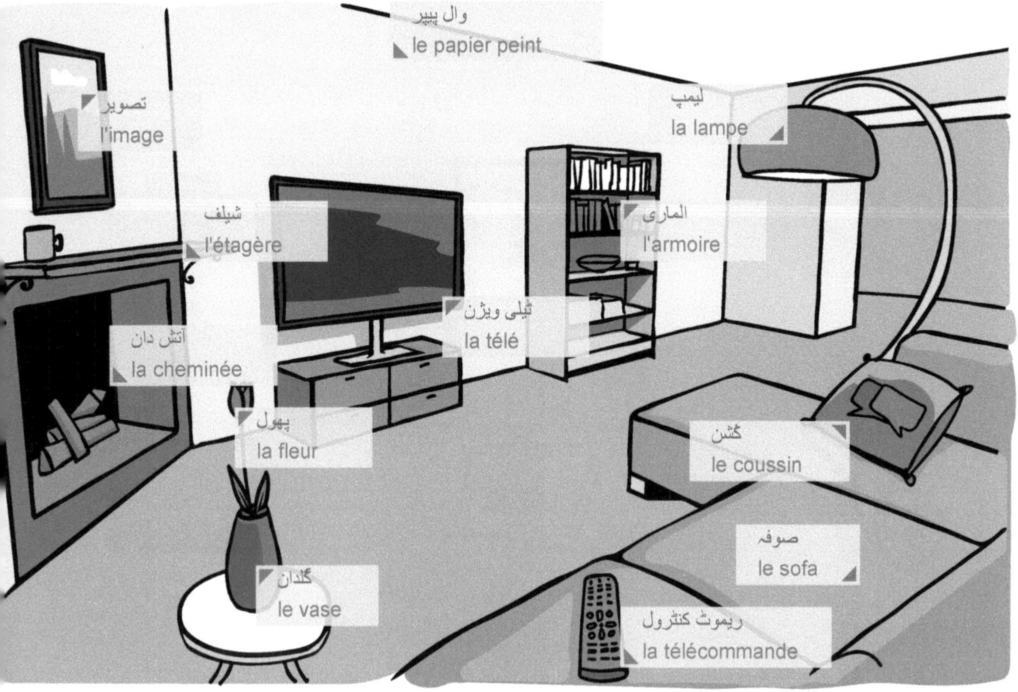

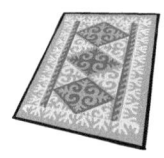

قالین

le tapis

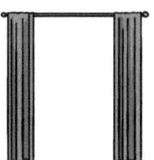

پردے

le rideau

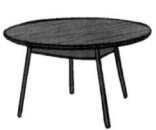

میز

la table

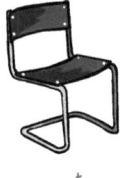

کُرسی

la chaise

ہلنے والی کُرسی

la chaise à bascule

آرام کُرسی

le fauteuil

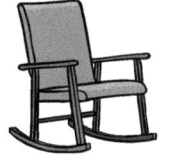

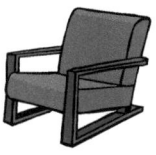

کتاب

le livre

کمبل

la couverture

آرائش

la décoration

جلانےکی لکڑی

le bois de chauffage

فلم

le film

ہائی فائی

la chaîne hi-fi

چابی

la clé

اخبار

le journal

پینٹنگ

la peinture

پوسٹر

le poster

ریڈیو

la radio

نوٹ بُک

le bloc-notes

ویکیوم کلینر

l'aspirateur

کیکٹس

le cactus

موم بتی

la bougie

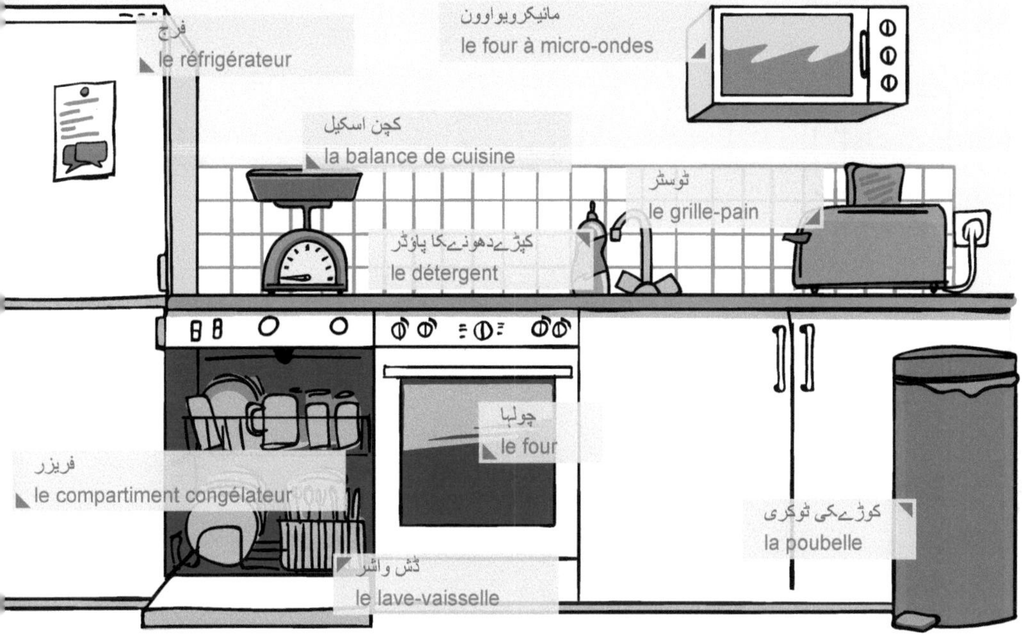

فرج
le réfrigérateur

مائیکرویواوون
le four à micro-ondes

کچن اسکیل
la balance de cuisine

ٹوسٹر
le grille-pain

کپڑے دھونے کا پاؤڈر
le détergent

چولہا
le four

فریزر
le compartiment congélateur

کوڑے کی ٹوکری
la poubelle

ڈش واشر
le lave-vaisselle

گگر

le four

برتن

la casserole

لوبے کا برتن

la marmite

کڑاہی

le wok / kadai

برتن

la poêle

کیتلی

la bouilloire electrique

اسٹیمر

le cuiseur vapeur

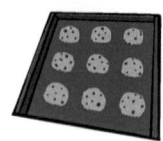

بیکنگ ٹرے

la plaque de cuisson

کراکری

la vaisselle

مگ

le gobelet

پیالہ

la coupe

چاپ اسٹکس

les baguettes

ڈوئی

la louche

کفچہ

la spatule

جھاڑو دینا

le fouet

مقطر

la passoire

چھلنی

le tamis

گریٹر

la râpe

کونڈی

le mortier

باربی کیو

le barbecue

کھُلی آگ

la cheminée

چاپنگ بورڈ

la planche à découper

بیلن

le rouleau à pâtisserie

کارک اسکریو

le tire-bouchon

کین

la boîte

کین اوپنر

l'ouvre-boîte

برتن پکڑنےوالا کپڑا

les maniques

سنک

le lavabo

برش

la brosse

اسپونج

l'éponge

بلینڈر

le mixeur

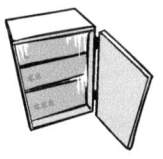

ڈیپ فریز

le congélateur

بچےکی بوتل

le biberon

ٹُونٹی

le robinet

غُسل خانہ

la salle de bain

ہیٹنگ
le chauffage
تولیہ
la serviette
ببل باتھ
le bain moussant
باتھ ٹب
la baignoire
واشنگ مشین
la machine à laver
ٹائلیں
le carrelage
پاٹی
le pot
شاور
la douche
شاورکرٹن
le rideau de douche
شیشہ
le verre
ٹونٹی
le robinet
سنک
le lavabo

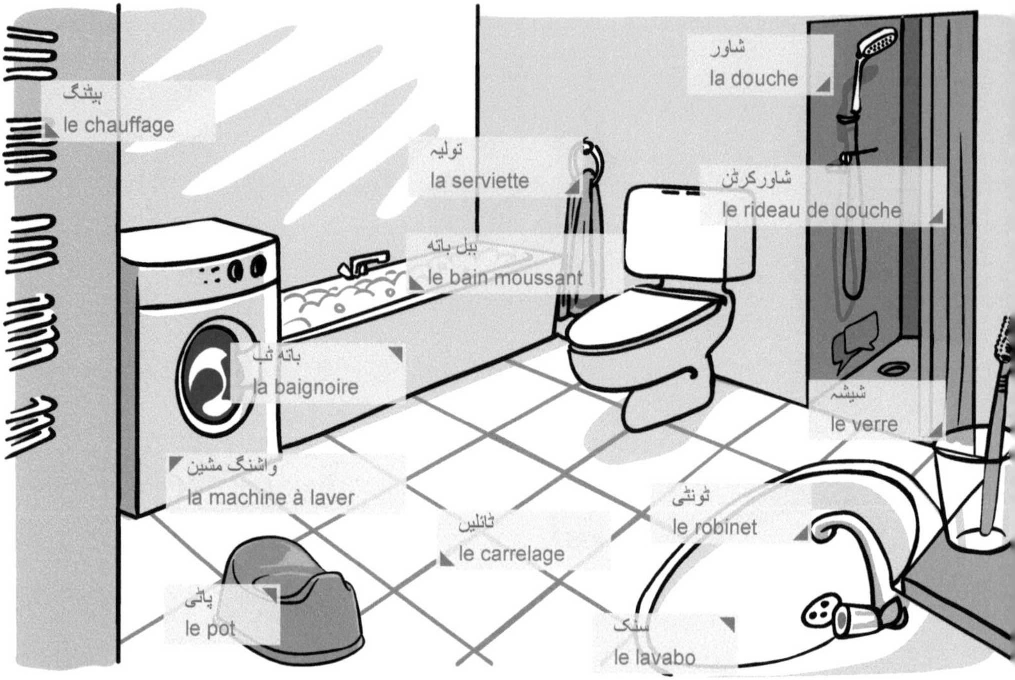

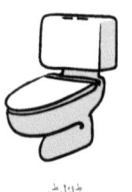

ٹائلٹ

les toilettes

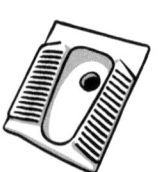

دوزانوں بیٹھنے والی ٹائلٹ

la toilette à la turque

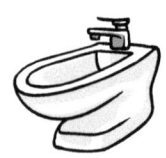

نچلاحصہ دھونے کیلئے پاٹ

le bidet

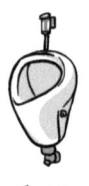

پیشاب گاہ

l'urinoir

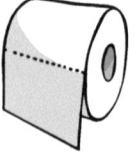

ٹائلٹ پیپر

le papier toilette

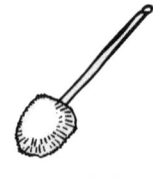

ٹائلٹ برش

la brosse à toilette

ٹوتھە برش

la brosse à dents

ٹوتھە پیسٹ

le dentifrice

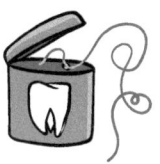

ڈینٹل فلاس

le fil dentaire

دھونا

laver

ہینڈ شاور

la douche manuelle

شاور

la douche intime

بیسن

la vasque

بیک برش

la brosse dorsale

صابن

le savon

شاورجل

le gel douche

شیمپو

le shampooing

فلالین

le gant de toilette

ڈرین

l'écoulement

کریم

la crème

ڈیوڈورنٹ

le déodorant

آئینہ

le miroir

باتھ میں پکڑا جانےوالا آئینہ

le miroir cosmétique

ریزر

le rasoir

شیونگ فوم

la mousse à raser

آفٹر شیو

l'après-rasage

کنگھی

la peigne

برش

la brosse

ہینر ڈرائر

le sèche-cheveux

ہینراسپرے

la laque pour cheveux

میک اپ

le fond de teint

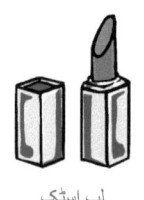

لپ اسٹک

le rouge à lèvres

نیل وارنش

le vernis à ongles

رونئی

l'ouate

ناخن کاٹنےکی قینچی

le coupe-ongles

پرفیوم

le parfum

واش بیگ

la trousse de toilette

پاخانہ

le tabouret

وزن کرنےکی مشین

le pèse-personne

باتھ روب

le peignoir

ربڑکےدستانے

les gants de nettoyage

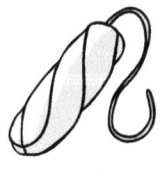

ٹیمپون

le tampon

سینیٹری ٹاول

les serviettes hygiéniques

کیمیکل ٹائلٹ

la toilette chimique

بچوں کا کمرہ
la chambre d'enfant

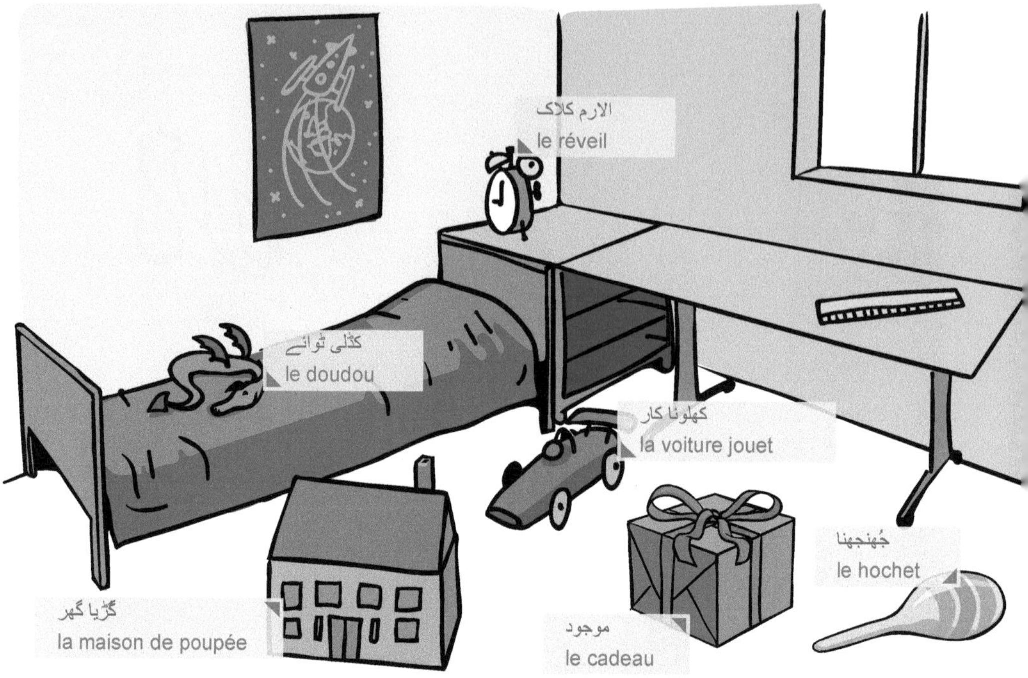

الارم کلاک
le réveil
کڈلی ٹوائے
le doudou
کھلونا کار
la voiture jouet
جُھنجھنا
le hochet
گڑیا گھر
la maison de poupée
موجود
le cadeau

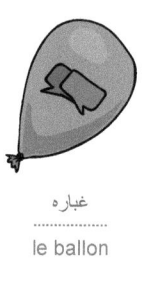

غبارہ

le ballon

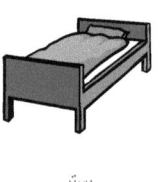

بستر

le lit

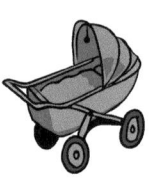

پرام

la poussette

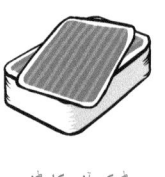

ڈیک آف کارڈز

le jeu de cartes

جگسا

le puzzle

SUPER
MEGA

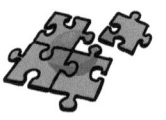

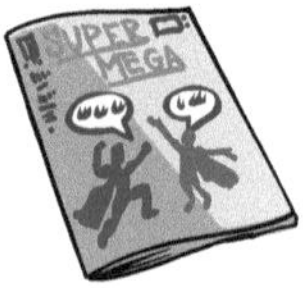

کامک

la bande dessinée

ليگوبرکس

les pièces lego

کھلونا بلاکس

les blocs de construction

ايكشن فگر

la figurine

بچےکا لباس

la grenouillère

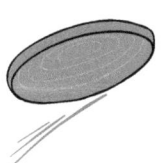

فرسبی

le frisbee

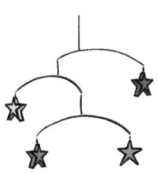

کھلونا موبائل

le mobile

بورڈ گیم

le jeu de société

ڈائس

le dé

ماڈل ٹرین سیٹ

le train miniature

ڈمی

la sucette

پارٹی

la fête

تصاویروالی کتاب

le livre d'images

گیند

la balle

گڑیا

la poupée

کھیلنا

jouer

سینڈ پٹ

le bac à sable

جھولا جھولنا

la balançoire

کھلونے

les jouets

وڈیوگیم کنسول

la console de jeu

تین پہیوں والی سائیکل

le tricycle

ٹیڈی بیئر

l'ours en peluche

کپڑوں کی الماری

l'armoire

لباس

les vêtements

موزے

les chaussettes

اسٹاکنگز

les bas

ٹائٹس

le collant

اسکارف
l'écharpe

چھتری
le parapluie

ٹی شرٹ
le t-shirt

بیلٹ
la ceinture

بوٹ
les bottes

سلیپر
les pantoufles

اسنیکرز
les baskets

سینڈل
les sandales

جوتے
les chaussures

ریڑکےبوٹس
les bottes de caoutchouc

زیرجامہ
les sous-vêtements

بریزئیر
le soutien-gorge

واسکٹ
le maillot de corps

جسم

le body

پتلون

le pantalon

جینز

le jean

اسکرٹ

la jupe

بلاؤز

le chemisier

قمیض

la chemise

پُل اوور

le pull

سویٹر

le sweat à capuche

بلیزر

la veste

جیکٹ

la veste

کوٹ

le manteau

رین کوٹ

l'imperméable

کوئی خاص لباس

le costume

لباس

la robe

شادی کا لباس

la robe de mariée

سوٹ

le costume

نائٹ گاؤن

la chemise de nuit

پائجامہ

le pyjama

ساڑھی

le sari

سرپرلیا جائےوالا اسکارف

le foulard

پگڑی

le turban

بُرقع

la burqa

کفتان

le caftan

عبایہ

l'abaya

تیراکی کا سوٹ

le maillot de bain

ٹرنک

le maillot de bain

نیکر

le short

ٹریک سوٹ

la tenue d'entraînement

ایپرن

le tablier

دستانے

les gants

بٹن

le bouton

عینک

les lunettes

کنگن

le bracelet

بار

le collier

انگوٹھی

la bague

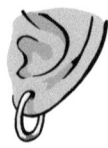

کانوں کی بالیاں

la boucle d'oreille

ٹوپی

le bonnet

کوٹ ہینگر

le cintre

ہیٹ

le chapeau

ٹائی

la cravate

زپ

la fermeture éclair

ہیلمٹ

le casque

بریسز

les bretelles

سکول یونیفارم

l'uniforme scolaire

وردی

l'uniforme

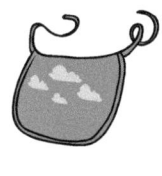

بب

le bavoir

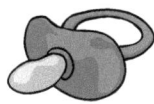

ڈمی

la sucette

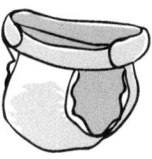

نیپی

la lange

دفتر

le bureau

سرور
le serveur
فائلوں کی الماری
l'armoire d'archivage
کاغذ
le papier
پرنٹر
l'imprimante
مانیٹر
l'écran
ماؤس
la souris
میز
le bureau
فولڈر
le classeur
کی بورڈ
le clavier
ویسٹ پیپرباسکٹ
la corbeille à papier
کمپیوٹر
l'ordinateur
کُرسی
la chaise

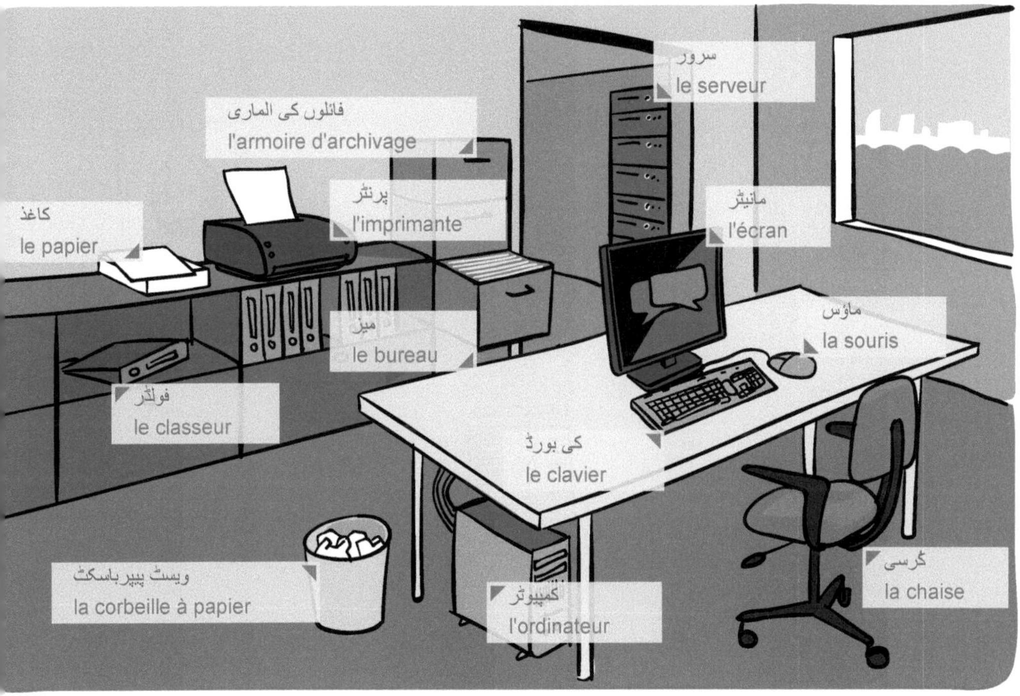

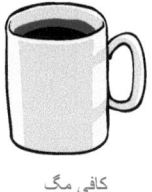

کافی مگ

la tasse de café

کیلکولیٹر

la calculatrice

انٹرنیٹ

l'internet

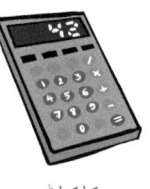

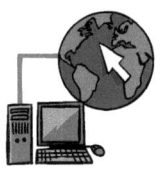

لیپ ٹاپ

l'ordinateur portable

خط

la lettre

پیغام

le message

موبائل

le portable

نیٹ ورک

le réseau

فوٹوکاپنیر

la photocopieuse

سافٹ ویئر

le logiciel

ٹیلی فون

le téléphone

پلگ ساکٹ

la prise

فیکس مشین

le fax

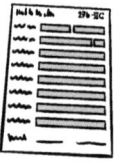

فارم

le formulaire

دستاویز

le document

خریدنا

acheter

ادائیگی کرنا

payer

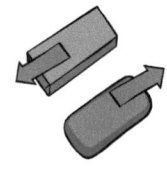

تجارت کرنا

faire du commerce

رقم

la monnaie

ڈالر

le dollar

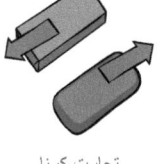

یورو

l'euro

ین

le yen

روبل

le rouble

سوئس فرانک

le franc suisse

رینمنیبی یوآن

le renminbi yuan

روپیہ

la roupie

کیش پوائنٹ

le distributeur automatique

رقم تبدیل کرانے کیلئے دفتر

le bureau de change

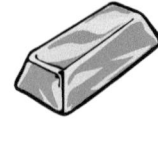

سونا

l'or

چاندی

l'argent

خام تیل

le pétrole

توانائی

l'énergie

قیمت

le prix

معاہدہ

le contrat

ٹیکس

la taxe

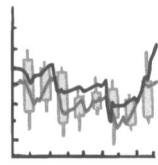

اسٹاک

l'action

کام کرنا

travailler

ملازم

l'employé

أجر

l'employeur

فیکٹری

l'usine

دکان

le magasin

پیشے
les professions

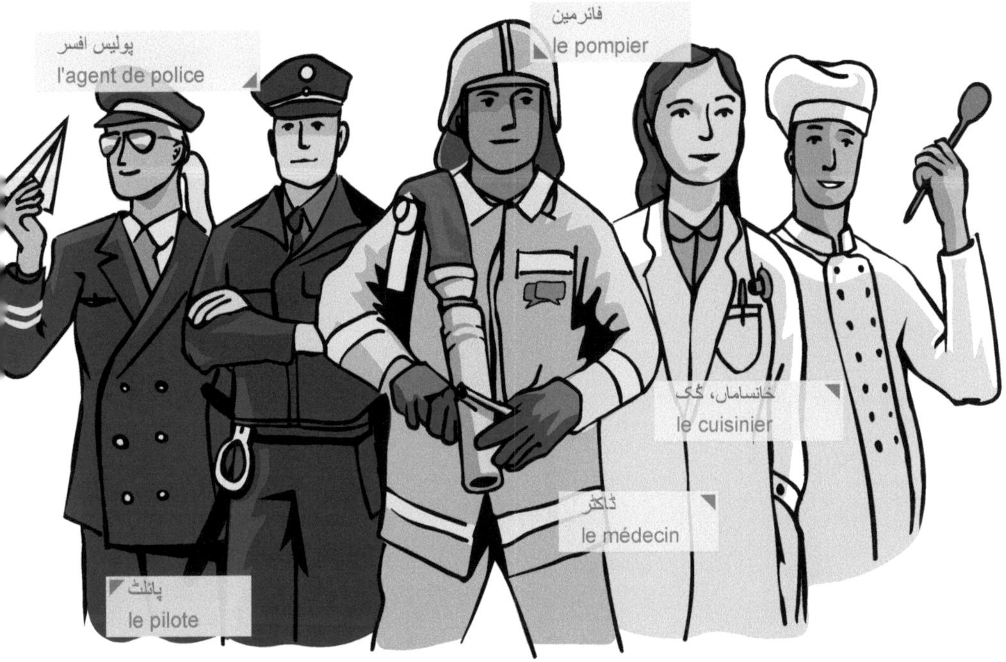
پولیس افسر
l'agent de police
فائرمین
le pompier
خانساماں، کُک
le cuisinier
ڈاکٹر
le médecin
پائلٹ
le pilote

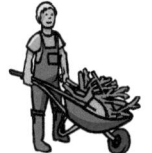

مالی

le jardinier

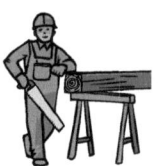

ترکھان

le menuisier

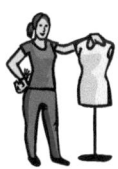

درزن

la couturière

جج

le juge

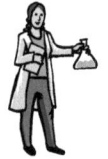

کیمسٹ

le chimiste

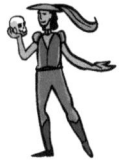

اداکار

l'acteur

بس ڈرائیور
....
le conducteur de bus

ٹیکسی ڈرائیور
....
le chauffeur de taxi

مچھیرا
....
le pêcheur

صفائی کرنے والی عورت
....
la femme de ménage

چھت بنانے والا
....
le couvreur

ویٹر
....
le serveur

شکاری
....
le chasseur

پینٹر
....
le peintre

بیکر
....
le boulanger

الیکٹریشین
....
l'électricien

بلڈر
....
l'ouvrier

انجینیر
....
l'ingénieur

قصائی
....
le boucher

پلمبر
....
le plombier

ڈاکیا
....
le facteur

سپاہی

le soldat

آرکیٹیکٹ

l'architecte

کیشیئر

le caissier

پھول بیچنےوالا

le fleuriste

نائی

le coiffeur

کنڈکٹر

le contrôleur

مکینک

le mécanicien

کپتان

le capitaine

ڈینٹسٹ

le dentiste

سائنسدان

le scientifique

یہودی عالم

le rabbin

امام

l'imam

راہب

le moine

پادری

le prêtre

اوزار

les outils

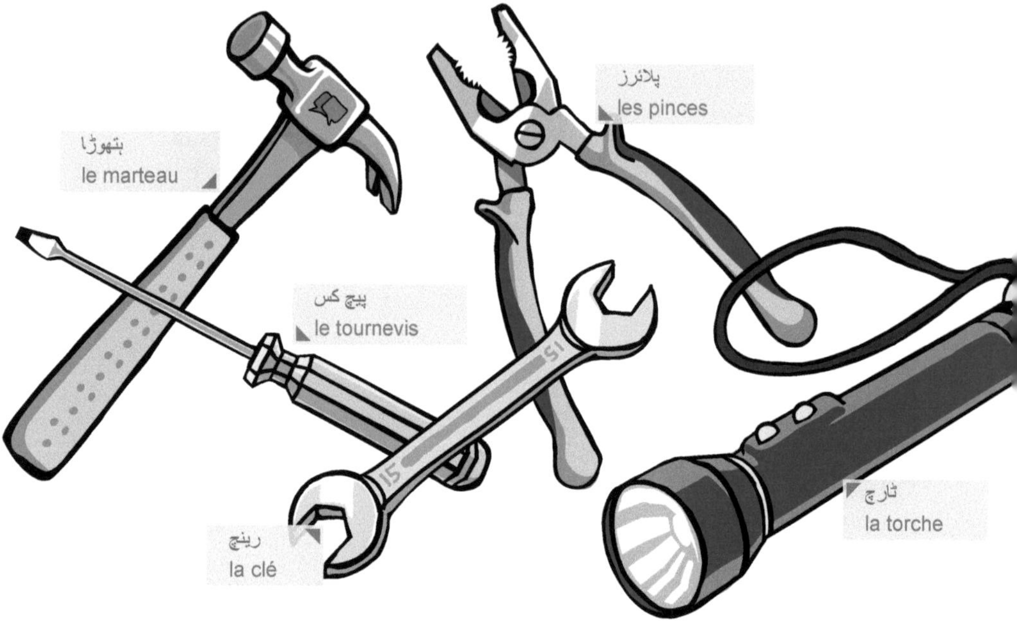

ہتھوڑا
le marteau
پلائرز
les pinces
پیچ کس
le tournevis
رینچ
la clé
ٹارچ
la torche

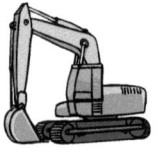

ایکسکویٹر
la pelleteuse

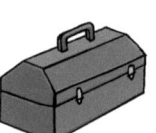

ٹول باکس
la boîte à outils

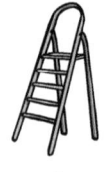

سیڑھی
l'échelle

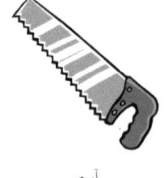

آری
la scie

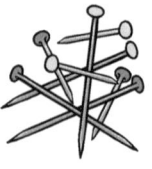

کیل
les clous

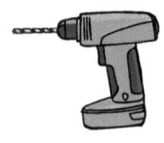

ڈرل
la perceuse

مرمت كرنا
....
réparer

بيلچہ
....
la pelle

لعنت ہو!
....
Mince !

ڈسٹ پین
....
la pelle

پينٹ پاٹ
....
le pot de peinture

پيچ
....
les vis

آلات موسيقى

les instruments de musique

لاؤڈ اسپيكر
le haut-parleurs

ڈرم سيٹ
la batterie

گٹار
la guitare

ڈبل باس
la contrebasse

بگل
la trompette

پیانو

le piano

وائلن

le violon

موسیقی کی آواز

la basse

ٹمپانی

les timbales

ڈھول، ڈرمز

le tambour

کی بورڈ

le piano électrique

سیکسوفون

le saxophone

بانسری

la flûte

مائیکروفون

le microphone

آلات موسیقی - les instruments de musique

چڑیا گھر
le zoo

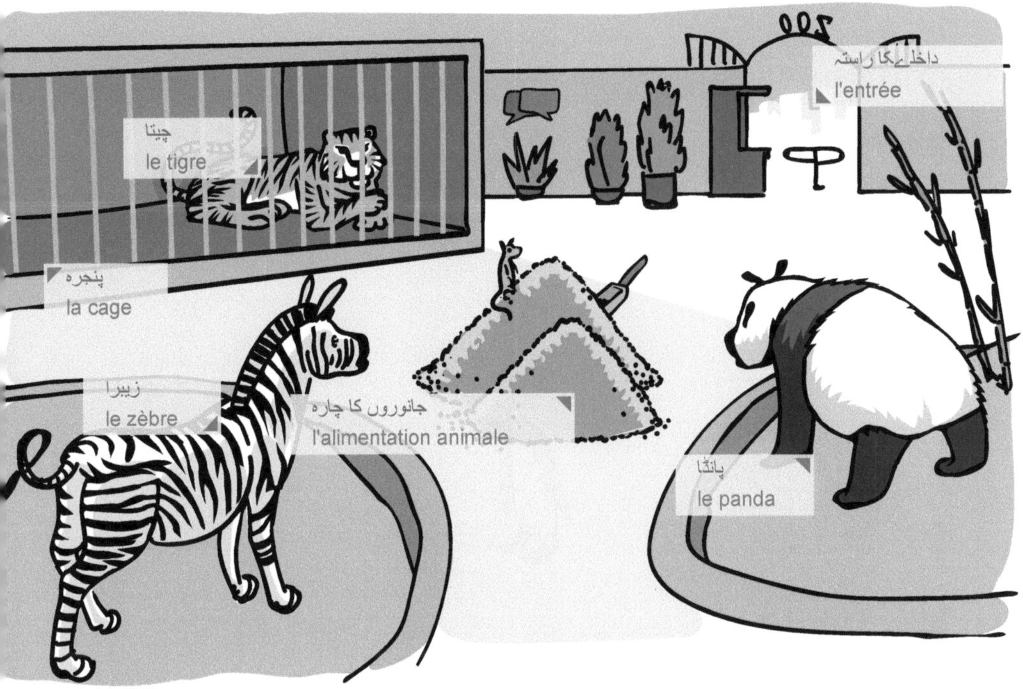

داخلے کا راستہ
l'entrée
چیتا
le tigre
پنجرہ
la cage
زیبرا
le zèbre
جانوروں کا چارہ
l'alimentation animale
پانڈا
le panda

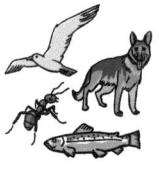

جانور

....

les animaux

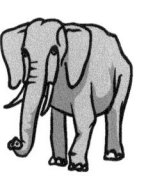

ہاتھی

....

l'éléphant

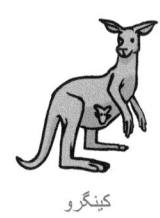

کینگرو

....

le kangourou

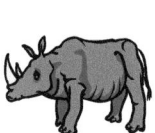

گینڈا

....

le rhinocéros

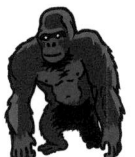

گوریلا

....

le gorille

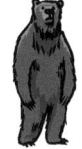

ریچھ

....

l'ours

اونٹ

le chameau

شُتُرمُرغ

l'autruche

شیر

le lion

بندر

le singe

فلیمنگو

le flamand rose

طوطا

le perroquet

قطبی ریچھ

l'ours polaire

کبوتر

le pingouin

شارک

le requin

مور

le paon

سانپ

le serpent

مگرمچھ

le crocodile

چڑیا گھر کا محافظ

le gardien de zoo

سیل

le phoque

امریکی تیندوا

le jaguar

ٹٹو

le poney

چیتا

le léopard

دریائی گھوڑا

l'hippopotame

زرافہ

la girafe

عقاب

l'aigle

سؤر

le sanglier

مچھلی

le poisson

کچھوا

la tortue

سمندری گھوڑا

le morse

لومڑی

le renard

غزال ہرن

la gazelle

امریکن فٹ بال
l'american Football

سائیکلنگ
le cyclisme

ٹینس
le tennis

باسکٹ بال
le basket-ball

پیراکی
la natation

باکسنگ
la boxe

آئس ہاکی
le hockey sur glace

فٹ بال
....
le football

بیڈمنٹن
....
le badminton

اتھلیٹکس
....
l'athlétisme

ہینڈ بال
....
le handball

اسکینگ
....
le ski

پولو
....
le polo

بنسنا
rire

گلے لگانا
embrasser

چھلانگ لگ
uter

چلنا
marcher

گانا
chanter

خواب دیکھنا
rêver

دُعا کرنا
prier

چُومنا
faire la bise

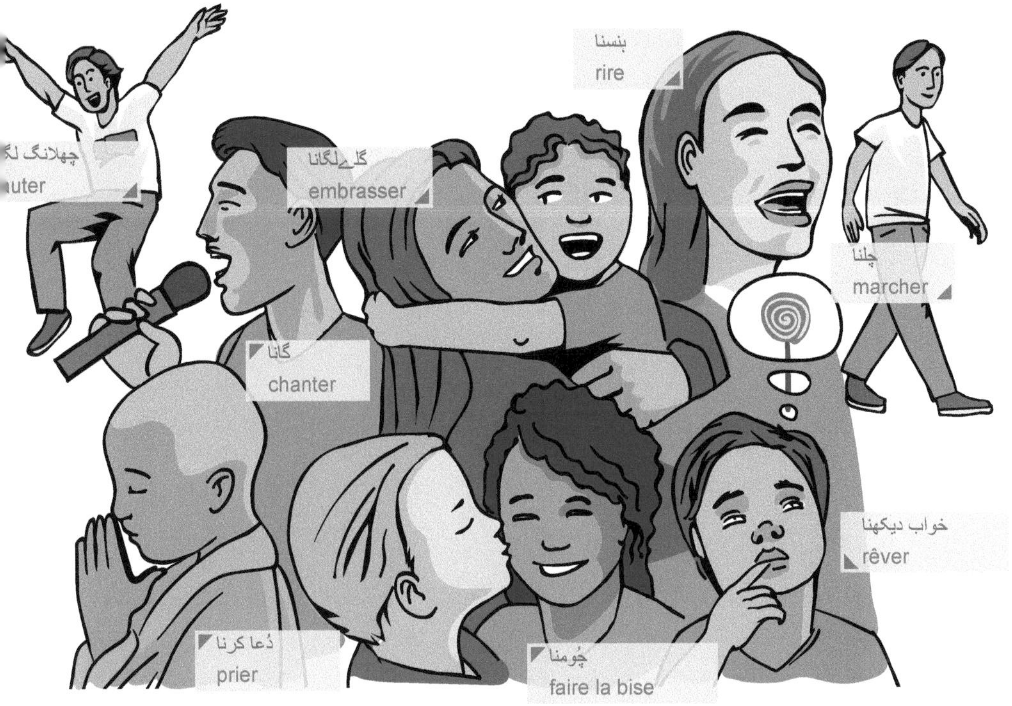

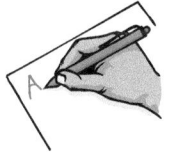

لکھنا
écrire

تصویرکشی کرنا
dessiner

دکھانا
montrer

آگے کی طرف دھکیلنا
pousser

دینا
donner

لینا
prendre

رکھنا
....
avoir

کرنا
....
faire

ہونا
....
être

کھڑا ہونا
....
être debout

دوڑنا
....
courir

کھینچنا
....
trier

پھینکنا
....
jeter

گرنا
....
tomber

جھوٹ بولنا
....
être couché

انتظار کرنا
....
attendre

اٹھانا
....
porter

بیٹھنا
....
être assis

ملبوس ہونا
....
s'habiller

سونا
....
dormir

جاگنا
....
se réveiller

ديكهنا
....
regarder

رونا
....
pleurer

چوٹ لگانا
....
caresser

كنگهى كرنا
....
peigner

بات كرنا
....
parler

سمجهنا
....
comprendre

پوچهنا
....
demander

مُتوجہ ہونا
....
écouter

پينا
....
boire

كهانا
....
manger

صاف كرنا
....
ranger

پياركرنا
....
aimer

پكانا
....
cuire

گاڑى چلانا
....
conduire

اڑنا
....
voler

بحری سفرکرنا

faire de la voile

شمارکریں

calculer

پڑھنا

lire

سیکھنا

apprendre

کام کرنا

travailler

شادی کرنا

se marier

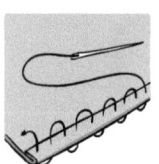

سینا

coudre

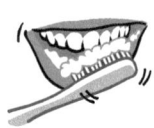

دانت صاف کرنا

brosser les dents

جان سےماردینا

tuer

تمباکونوشی کرنا

fumer

بھیجنا

envoyer

خاندان

la famille

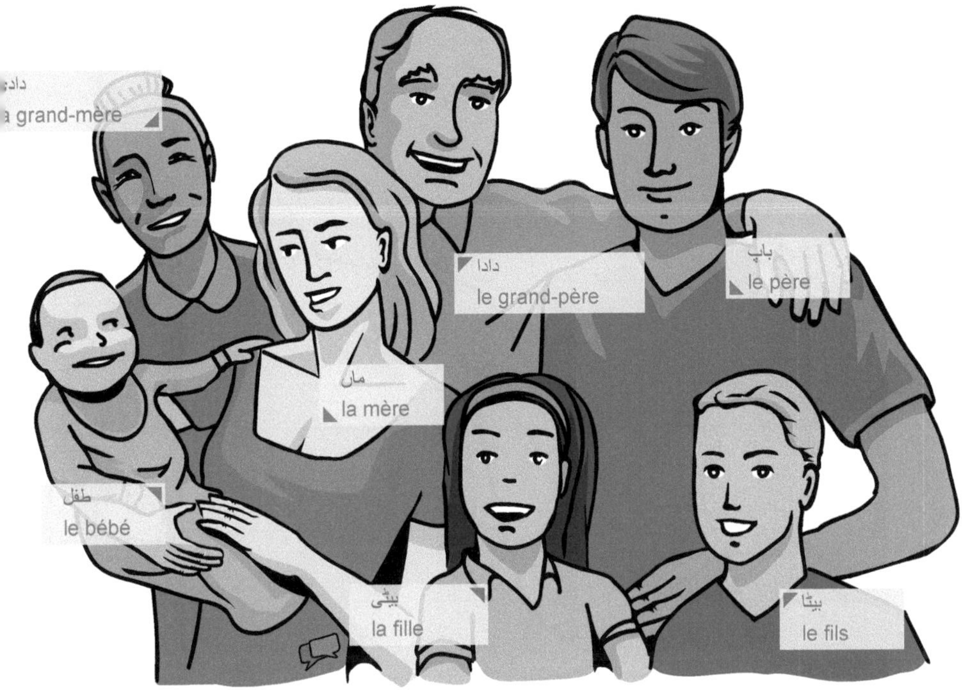

داد
a grand-mère
دادا
le grand-père
باپ
le père
ماں
la mère
طفل
le bébé
بیٹی
la fille
بیٹا
le fils

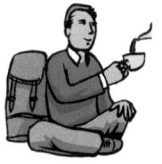

مہمان

l'hôte

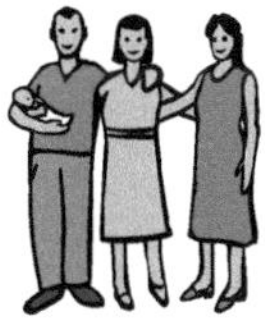

چچی

la tante

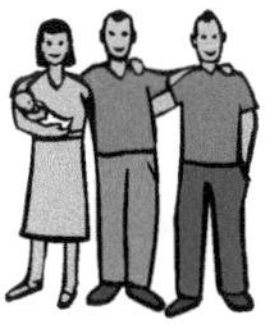

چچا

l'oncle

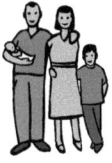

بھائی

le frère

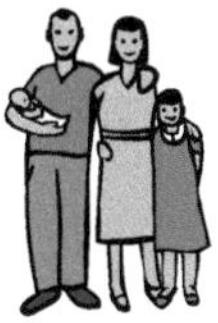

بہن

la sœur

le corps

ماتها
le front

أنكه
l'œil

كندها
l'épaule

انگلی
le doigt

چہرہ
le visage

ٹھوڑی
le menton

باتھ
la main

چھاتی
la poitrine

ثانگ
la jambe

بازو
le bras

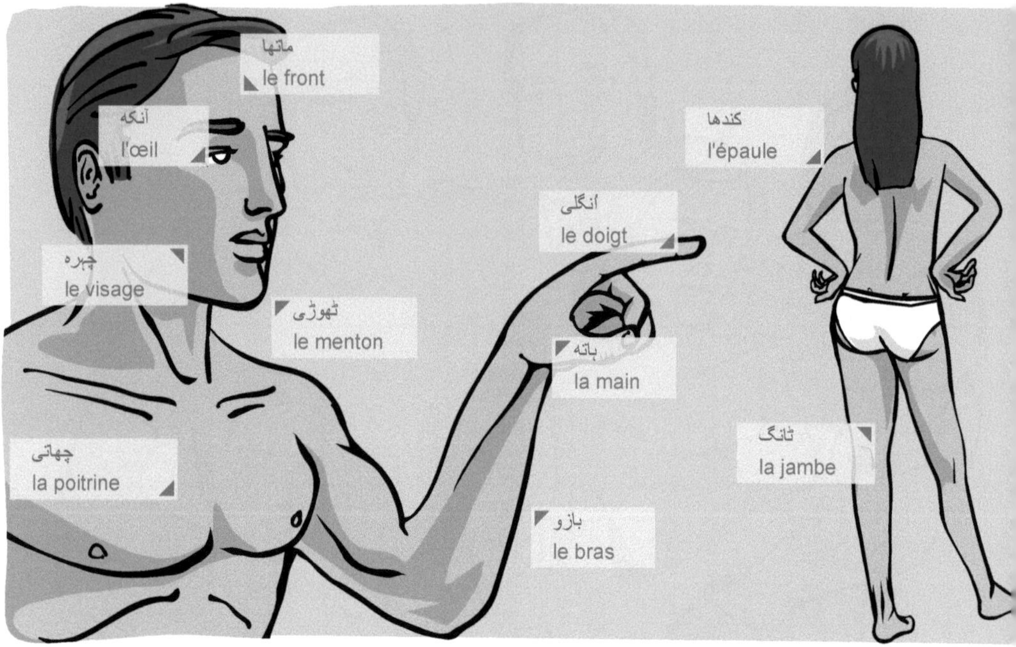

طفل
le bébé

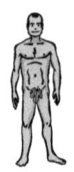

آدمی
l'homme

عورت
la femme

لڑکی
la fille

لڑکا
le garçon

سر
la tête

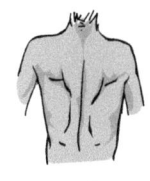

كمر

le dos

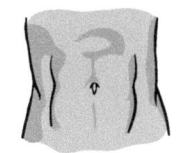

پیٹ

le ventre

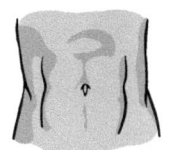

ناف

le nombril

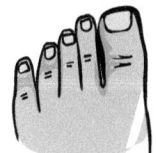

پاؤں کا انگوٹھا

l'orteil

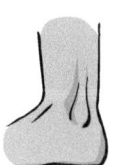

ایڑھی

le talon

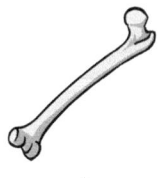

بڈی

l'os

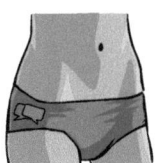

کولہا

la hanche

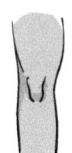

گھٹنا

le genou

کہنی

le coude

ناک

le nez

نچلا حصہ

les fesses

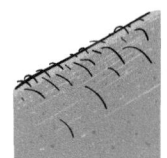

جلد

la peau

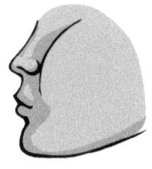

گال

la joue

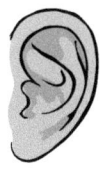

کار

l'oreille

بونٹ

la lèvre

جسم - le corps   69

مُنہ

la bouche

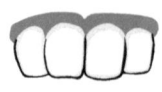

دانت

la dent

زُبان

la langue

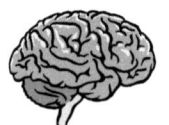

دماغ

le cerveau

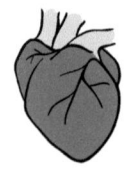

دل

le cœur

پٹھہ

le muscle

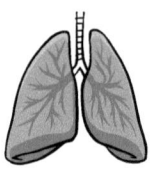

پھیپھڑا

les poumons

جگر

le foie

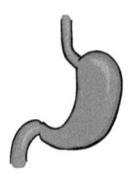

معدہ

l'estomac

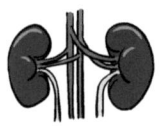

گردے

les reins

جنس

le rapport sexuel

کنڈوم

le préservatif

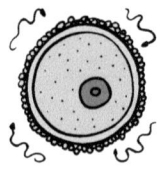

بیضہ

l'ovule

ماده منویہ

le sperme

حمل

la grossesse

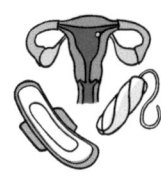

حيض

la menstruation

اندام نہانی

le vagin

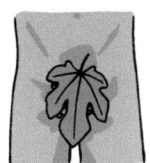

عضوتناسل

le pénis

بھنویں

le sourcil

بال

les cheveux

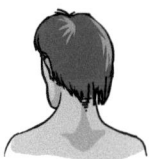

گردن

le cou

ہسپتال

l'hôpital

ہسپتال
l'hôpital
ایمبولینس
l'ambulance
وہیل چیئر
le fauteuil roulant
ہڈی ٹوٹنا
la fracture

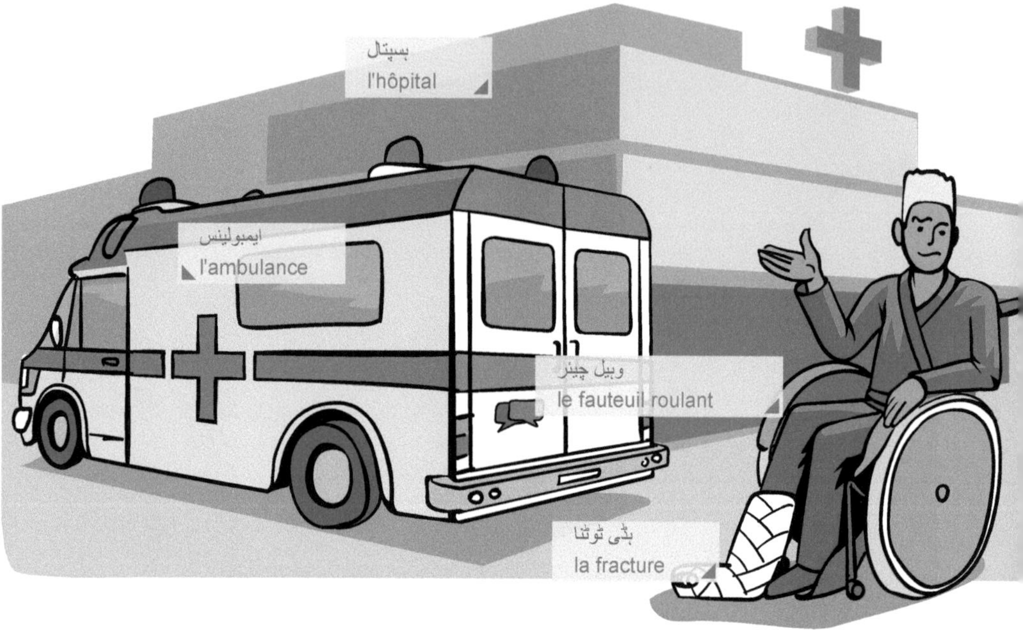

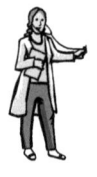

ڈاکٹر

....

le médecin

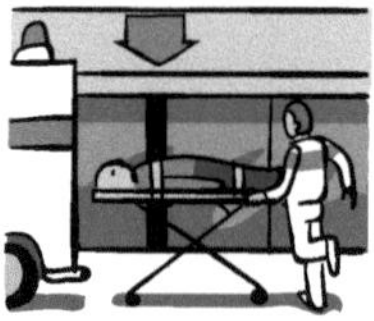

ہنگامی کمرہ

....

le service des urgences

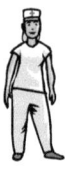

نرس

....

l'infirmière

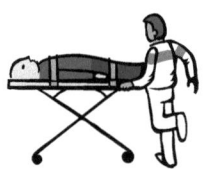

ہنگامی صورتحال

....

l'urgence

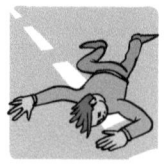

بےہوش

....

inconscient

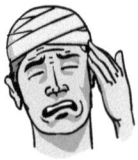

درد

....

la douleur

زخم

la blessure

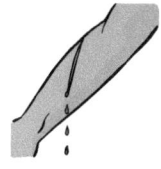

خون بہنا

l'hémorragie

دل کا دوره

la crise cardiaque

فالج

l'attaque cérébrale

الرجی

l'allergie

کھانسی

la toux

بخار

la fièvre

زکام

la grippe

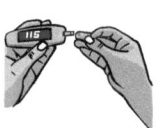

اسہال

la diarrhée

سردرد

le mal de tête

کینسر

le cancer

ذیابیطس

le diabète

سرجن

le chirurgien

نشتر

le scalpel

آپریشن

l'opération

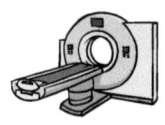

سی ٹی

le CT

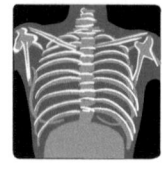

ایکس رے

la radiographie

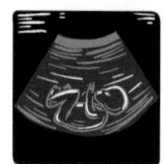

الٹراساؤنڈ

l'échographie

چہرے کا نقاب

le masque

بیماری

la maladie

انتظارگاہ

la salle d'attente

بیساکھی

la béquille

پلاسٹر

le pansement

پٹی

le pansement

انجکشن

l'injection

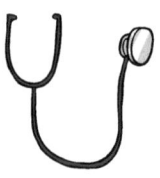

اسٹیتھواسکوپ

le stéthoscope

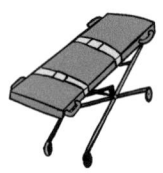

اسٹریچر

le brancard

مطبی تھرما میٹر

le thermomètre

پیدائش

l'accouchement

حد سےزیادہ وزن

la surcharge pondérale

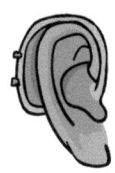

آلہ سماعت

l'appareil auditif

جراثیم کش

le désinfectant

انفیکشن

l'infection

وائرس

le virus

ایچ أئی وی/ ایڈز

le VIH / le sida

دوا

le médicament

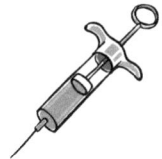

ویکسی نیشن

la vaccination

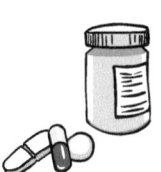

گولیاں

les comprimés

گولی

la pilule

ہنگامی کال

l'appel d'urgence

بلڈ پریشرمانیٹر

le tensiomètre

بیمار / صحتمند

malade / sain

مدد!

Au secours !

الارم

l'alarme

مُجرمانه حمله

l'assaut

حمله

l'attaque

خطره

le danger

بنگامی راسته

la sortie de secours

آگ!

Au feu!

آگ بُجھانے والہ آلہ

l'extincteur

حادثہ

l'accident

ابتدائی طبی امداد کی کٹ

la trousse de premier
secours

SOS

ایس اوایس

SOS

پولیس

la police

یورپ
....
l'Europe

شمالی امریکہ
....
l'Amérique du Nord

جنوبی امریکہ
....
l'Amérique du Sud

افریقہ
....
l'Afrique

ایشیا
....
l'Asie

آسٹریلیا
....
l'Australie

بحراوقیانوس
....
l'Océan atlantique

بحرالکابل
....
l'Océan pacifique

بحرہند
....
l'Océan indien

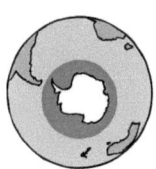

بحرقطب جنوبی
....
l'Océan antarctique

بحرقطب شمالی
....
l'Océan arctique

قطب شمالی
....
le Pôle nord

قُطب جنوبى

le Pôle sud

انٹارکٹیکا

l'Antarctique

زمین

la terre

زمین

le pays

سمندر

la mer

جزیرہ

l'île

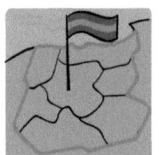

قَوم

la nation

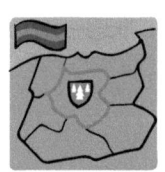

ریاست

l'état

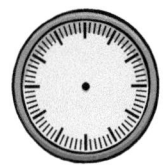

کلاک کا سامنے کا حصہ

le cadran

گھنٹوں والی سوئی

l'aiguille des heures

منٹوں والی سوئی

l'aiguille des minutes

سیکنڈ ہینڈ

l'aiguille des secondes

کیا وقت ہوا ہے؟

Quelle heure est-il ?

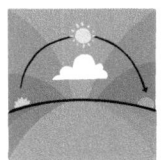

دن

le jour

وقت

le temps

اب

maintenant

ڈیجیٹل گھڑی

la montre digitale

منٹ

la minute

گھنٹہ

l'heure

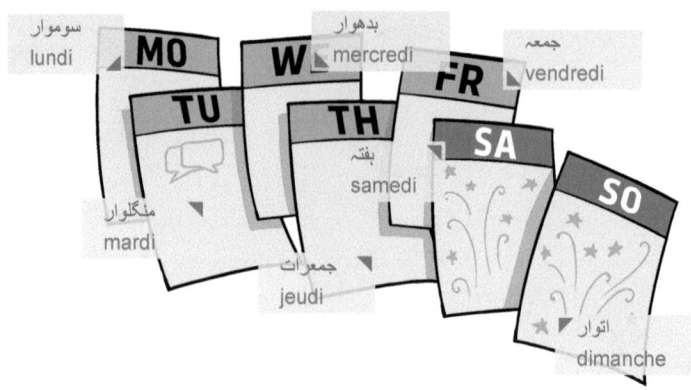

سوموار
lundi

بدهوار
mercredi

جمعہ
vendredi

منگلوار
mardi

هفتہ
samedi

جمعرات
jeudi

اتوار
dimanche

گزرا کل

hier

آج

aujourd'hui

کل

demain

صبح

le matin

دوپہر

le midi

شام

le soir

کاروباری دن

les jours ouvrables

ہفتے کا اختتام

le week-end

سال
l'année

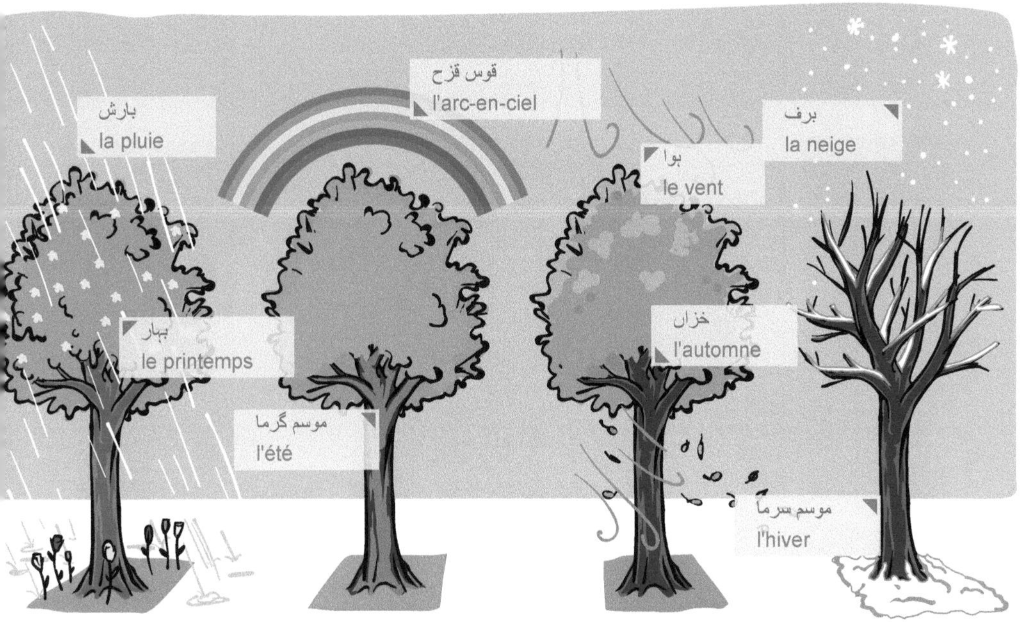

بارش
la pluie
قوس قزح
l'arc-en-ciel
برف
la neige
ہوا
le vent
بہار
le printemps
خزاں
l'automne
موسم گرما
l'été
موسم سرما
l'hiver

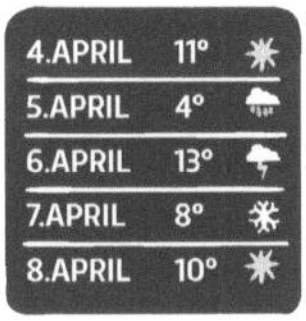

4.APRIL 11°
5.APRIL 4°
6.APRIL 13°
7.APRIL 8°
8.APRIL 10°

موسمی پیش گوئی

la météo

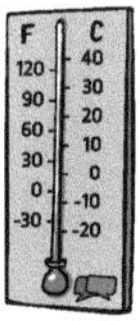

F C
120 40
90 30
60 20
30 10
0 0
-30 -10
-20

تھرما میٹر

le thermomètre

دھوپ

la lumière du soleil

بادل

le nuage

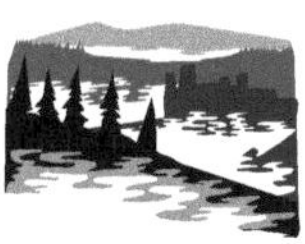

دُھند

le brouillard

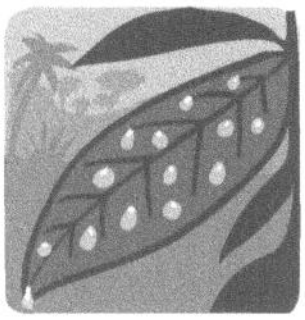

حبس

l'humidité

بجلی کوندھنا

la foudre

بادلوں کی گرج

la tonnerre

طوفان

la tempête

ژالہ باری

la grêle

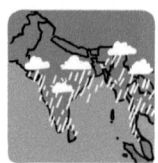

مون سون

la mousson

سیلاب

l'inondation

برف

la glace

جنوری

janvier

فروری

février

مارچ

mars

اپریل

avril

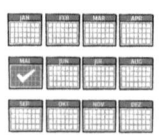

مئی

mai

جون

juin

جولائی

juillet

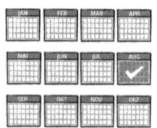

اگست

août

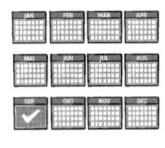

ستمبر
....
septembre

اكتوبر
....
octobre

نومبر
....
novembre

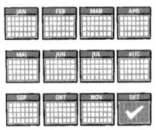

دسمبر
....
décembre

اشكال

les formes

دائره
....
le cercle

چوكور
....
le carré

مُستطيل
....
le rectangle

تكون
....
le triangle

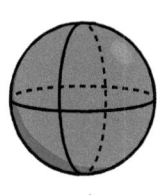

گره
....
la sphère

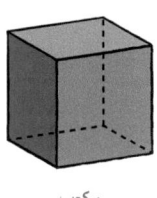

مكعب
....
le cube

les couleurs

سفید

blanc

پیلا

jaune

نارنجی

orange

گلابی

rose

سُرخ

rouge

جامنی

violet

نیلا

bleu

سبز

vert

بھورا

marron

میٹالا

gris

سیاہ

noir

les oppositions

بہت زیادہ / بہت کم

beaucoup / peu

ناراض / پُرسکون

fâché / calme

خوبصورت / بدصورت

joli / laid

آغاز / اختتام

le début / la fin

بڑا / چھوٹا

grand / petit

روشن / اندھیرا

clair / obscure

بھائی / بہن

frère / soeur

صاف / گندا

propre / sale

مکمل / نامکمل

complet / incomplet

دن / رات

le jour / la nuit

زندہ / مُردہ

mort / vivant

چوڑا / تنگ

large / étroit

کھانے کے قابل ہونا / کھانے کے قابل نہ ہونا

comestible / incomestible

بُرا / اچھا

méchant / gentil

پُرجوش / بوریت کا شکار

excité / ennuyé

موٹا / دُبلا

gros / mince

پہلا / آخری

le premier / le dernier

دوست / دُشمن

l'ami / l'ennemi

بھرا ہوا / خالی

plein / vide

سخت / نرم

dur / souple

بوجھل / ہلکا

lourd / léger

بھوک / پیاس

faim / soif

بیمار / صحتمند

malade / sain

غیرقانونی / قانونی

illégal / légal

عقلمند / بیوقوف

intelligent / stupide

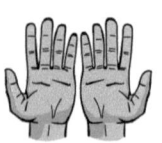

بائیں / دائیں

gauche / droite

نزدیک / دور

proche / loin

نیا / پُرانا
....
nouveau / usé

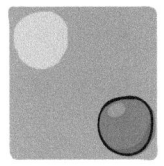

کچھ نہیں / کچھ ہے
....
rien / quelque chose

بوڑھا / نوجوان
....
vieux / jeune

آن / آف
....
marche / arrêt

گھلا / بند
....
ouvert / fermé

خاموش / بُلند آواز
....
faible / fort

امیر / غریب
....
riche / pauvre

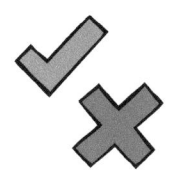

ٹھیک / غلط
....
correct / incorrect

کھُردرا / ہموار
....
rugueux / lisse

افسردہ / خوش
....
triste / heureux

مُختصر / طویل
....
court / long

آہستہ / تیز
....
lent / rapide

گیلا / خُشک
....
mouillé / sec

گرم / ٹھنڈا
....
chaud / froid

جنگ / امن
....
la guerre / la paix

les nombres

0

صفر

zéro

1

ایک

un / une

2

دو

deux

3

تین

trois

4

چار

quatre

5

پانچ

cinq

6

چھ

six

7

سات

sept

8

آٹھ

huit

9

نو

neuf

10

دس

dix

11

گیارہ

onze

12
باره

douze

13
تیره

treize

14
چوده

quatorze

15
پنځره

quinze

16
سوله

seize

17
سترّه

dix-sept

18
اتهاره

dix-huit

19
أنیس

dix-neuf

20
بیس

vingt

100
سو

cent

1.000
زار

mille

1.000.000
دس لاکه

le million

les langues

انگریزی

l'anglais

امریکی انگریزی

l'anglais américain

چینی مینڈارین

le chinois mandarin

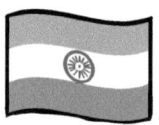

ہندی

le hindi

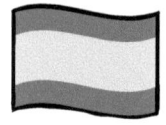

ہسپانوی

l'espagnol

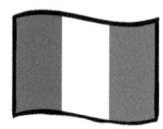

فرانسیسی

le français

عربی

l'arabe

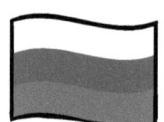

روسی

le russe

پُرتگالی

le portugais

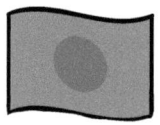

بنگالی

le bengali

جرمن

l'allemand

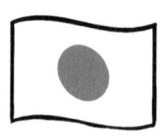

جاپانی

le japonais

میں
....
je

تم
....
tu

♂ ♀ ○

وہ (لڑکا) / وہ (لڑکی) / یہ
....
il / elle / ce, c', cela

ہم
....
nous

تم
....
vous

وہ
....
ils / elles

کون؟
....
Qui ?

کیا؟
....
Quoi ?

کیسے؟
....
Comment ?

کہاں؟
....
Où ?

کب؟
....
Quand ?

HELLO, I AM

نام
....
le nom

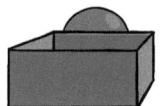

پیچھے

derrière

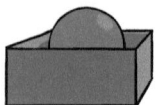

میں

dans

کے سامنے

devant

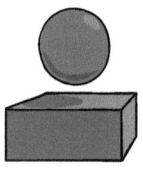

اوپر

au-dessus

پر

sur

نیچے

en-dessous

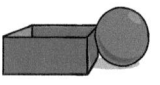

ساتھ

à côté de

درمیان

entre

جگہ

le lieu